जहाँ दो समन्दर मिलते हैं

"सास के आंतरिक संघर्षों को मार्गदर्शन"

मुमताज़ रफ़ी | उम्म मुहम्मद अबीज़ेर

अनुवादकः शिबली अहमद

INDIA • SINGAPORE • MALAYSIA

ISBN 979-8-89026-932-4

Title: जहाँ दो समन्दर मिलते हैं

Hindi Version Edited by:

Sarika Sureka

Akash Singh

Neda Shams

Cover Design by:

Khalid Birawi

English version (When The Two Seas Meet) approved by nmc.gov.ae

Application number MC-01-01-4017050

अध्याय

भूमिका

सब तारीफ़ अल्लाह ही के लिए है, और दुरूद और सलाम पैगंबर (सल्लल्लाहु अलैहि व सल्लम) पर, उनके अहल व अयाल और सारे साथी (राज़ी है अल्लाह उनसे) और उन सभी पर जो क़यामत के दिन तक आपकी पैरवी करेंगे।

"اَتَصۡبِرُوۡنَ وَجَعَلۡنَا بَعۡضَكُمۡ لِبَعۡضٍ فِتۡنَةً

"हमने तुम लोगों को एक दूसरे के लिए आज़माइश का ज़रिया (माध्यम) बना दिया है। क्या तुम सब्र करते हो?"

(अल फुरक़ान: 25:20)

अल्लाह अपने क़ुरान के ज़रिये (माध्यम) से अपनी मख़लूक़ (कृतियों) से कलाम (बात) करते हैं। उन सिद्धांतों की व्याख्या करते (उसुलों को समझाते) हैं, जिस पर जीवन की रचना की गयी है। ये जीवन इन्ही सिद्धांतों और नैतिकताओं के अंदर चलता रहेगा।

ऊपर लिखी हुई आयत में अल्लाह ऐसे ही 'एक सिद्धांत' की याद दिलाते हुए जीवन का एक कडवा सच बताने के बाद हमारे सामने एक सवाल रखते हैं। इस आयत में हमें चेतावनी के साथ बताया गया है, कि इस जीवन में हमारा सामना कई तरह के लोगों से होगा जिनमे से कुछ हमारे लिए परीक्षा बनेंगे, लेकिन हमें उनके साथ सब्र से काम लेना है। ये बात सुनने में कितनी ही किताबी और करने में मुश्किल लगे, लेकिन सच में यही हमारे लिए बेहतरीन रास्ता है।

आप शायद सोच में हों, कि ऐसे इंसान के साथ क्यूँ और कैसे सब्र किया जा सकता है। जो बिल्कुल ही अलग सोच और ख़यालात रखता हो। इस किताब का मक़सद ऐसे ही कुछ सवालों के जवाब तलाश करना है। ख़ास तौर पर एक घर में सास और बहू के रिश्ते पर बात करना भी है।

इस किताब में मेरी जैसी औरतें, जो जीवन में सास का किरदार निभा रहीं हैं, उन के लिये बहुत से फ़ायदे वाले मशवरे हैं। ताकि हम अपनी ज़िम्मेदारियों को इस तरह अच्छे से पूरा करें, जो अल्लाह को खुश करने का ज़रिया हो।

अगर कभी आपके जीवन में ऐसा समय आए, जिनमें निराशा मायूसी या अपनी बहू के बारे में असुरक्षा की भावनायें आने लगें तो परेशान न हों। आप इन भावनाओं का अनुभव करने वाली अकेली नहीं हैं। ये किताब इस्लामिक विचारधारा के तहत हमारा मार्गदर्शन करती है। ये आज के नए दौर में सास की भूमिका को कुरान और सुन्नत की रोशनी में समझने की एक छोटी सी कोशिश है। इस किताब में, जहां रिश्तों की बुनियादों के बारे में बताया गया है, वहीं सास और बहू के बीच असरदार बातचीत होने के लिए कारगर नुस्ख़े भी बताए गए हैं।

इस किताब को पढ़ने से सास को अपनी बहू के साथ एक खुशहाल रिश्ता बनाने में मदद मिलेगी और साथ ही एक आत्मविश्वासी व्यक्ति बनने में मदद मिलेगी। उसका सम्मान किया जाएगा और उसकीबातों को महत्व दिया जाएगा।

सब तारीफ़ और शुक्र अल्लाह ही के लिए है, जिसने मुझे इस किताब को लिखने की हिम्मत और मौका दिया, मैं उन सभी की तहे दिल से आभारी हूँ, जिन्होंने इसमें अपना योगदान दिया। मेरी अल्लाह से दुआ है, कि इस किताब को उन सबके लिये सदक़े का जरिया बना दे। आमीन।

ख़ास तौर पर मैं अपने शिक्षकों की आभारी हूँ। जिनके मार्गदर्शन और सहायता से मैं इन समस्याओं का समाधान ढूँढने में सफल हुई, जो आप इस किताब में पाएँगे।

परिचय

लहरों का संगम

وَهُو الَّذِي مَرَجَ الْبَحْرَيْنِ هَذَا عَذْبٌ فُرَاتٌ وَهَذَا مِلْحٌ أُجَاجٌ وَجَعَلَ بَيْنَهُمَا بَرْزَخًا وَحِجْرًا مَّحْجُورًا

"वही है, जिसने दो समंदरों को मिलाकर रखा है। एक मज़ेदार- मीठा, और दूसरा कड़वा व खारा। और दोनो के बीच एक पर्दा है। एक रुकावट है, जो उन्हें मिलने से रोके हुए है।"

(अल फ़ुरक़ान: 25:53)

क़ुरान की इस ख़ूबसूरत और गहरी आयत पर गौर, फ़िक्र और सोच से हमें ज़िंदगी के रिश्तों में एक नया दृष्टिकोण दिखाई देता है। ऐसा महसूस होता है, जैसे रिश्तों का एक उदहारण बयान किया गया है। इस विशेष आयत में अल्लाह की एक अदभुत क़ुदरत का ज़िक्र है। जो एक साथ बहने वाले दो समंदरों की अलग-अलग पहचान को बनाए रखती है। इन समंदरों में से एक का पानी मीठा जब कि दूसरे का खारा है। और उनके बीच एक न दिखने वाला पर्दा है, जो उन्हें मिलने नहीं देता।

अगर ये पर्दा बीच में न होता, तो हम मीठे पानी का उपयोग नहीं कर सकते। और अगर खारा पानी न होता, तो हर चीज़ गल सड़ जाती और ख़राब हो जाती। पानी में नमक एक ऐसी चीज़ है; जो धरती पर मौजूद हर चीज़ को ख़राब होने से बचाता है। अल्लाह इस बात पर क़ादिर है; कि वो समंदर के पानी को मीठा बना देता है। लेकिन उसे अच्छी तरह मालूम है, कि हमें उन दोनों की ज़रूरत है।

क़रान की यह आयत बताती है, कि यह दुनिया अंतर के सिद्धांत पर आधारित है। उदाहरण के लिए दिन-रात का अंतर, सर्दी-गर्मी का अंतर और इसी तरह प्रकृति की सारी चीज़ें; इस अंतर के सिद्धांत पर आधारित है। अल्लाह ने सास-बहू को एक परिवार में इकट्ठा किया है। ताकि वो मिलजुलकर काम करें और दुनिया और आख़िरत की भलाईयां समेट सकें।

हमें धैर्य के साथ अपने संबंधों में स्वभावों के अंतर को बर्दाश्त करना चाहिए; क्योंकि स्वभावों की ये रंगा-रंगी अच्छे नतीजे के लिए ज़रूरी है। इस रिश्ते से खुशियां और राहत तभी मिल सकती हैं, जब हम अच्छे से इस रिश्ते की सीमाओं को बनाकर रखें। जिस तरह दो समंदर एक दूसरे से फ़ायदा उठाते हैं उसी तरह रहम और ससुराली रिश्ते भी एक दूसरे से फ़ायदा उठाते हैं।

विज्ञान ने यह खोज की है कि, जहाँ इन दो समंदरों का मिलाप होता है वहां उनके बीच एक परदा है। यह पर्दा उन समंदरों को इस तरह से बाँटता है, कि हर समंदर अपना अलग तापमान और घनत्व बनाए रखता है। जबकि इस जगह पर तेज लहरें और ज्वार होते हैं। लेकिन समंदर इस रुकावट को ना पार करते और एक दूसरे में ना मिलते हैं। बिलकुल इसी तरह सास और बहू दो अलग अलग परिवार से जुड़ी होती हैं, जहाँ उनका पालन पोषण अलग अलग वातावरण में हुआ होता है। उन के विचार, सोच, चाहतें और ज़रूरतें भी एक दूसरे से अलग होती हैं। लेकिन अगर वो अच्छी नीयत से अल्लाह के हुक्म को अपनी ज़िंदगी में लाकर अपनी सीमाओं को पार न करें, तो एक ही परिवार में बहुत सुकून और आपसी सद्भाव के साथ रह सकती हैं।

इसी तरह जब दो समंदर अपनी सीमाओं को पार किए बग़ैर मिलते हैं; तो उसके नतीजे से समंदर की तहों से छुपे हुए ख़ज़ाने और ख़ूबसूरत मोती मूंगे निकलते हैं।

مَرَجَ ٱلْبَحْرَيْنِ يَلْتَقِيَانِ

بَيْنَهُمَا بَرْزَخٌ لَّا يَبْغِيَانِ

فَبِأَيِّ ءَالَآءِ رَبِّكُمَا تُكَذِّبَانِ

يَخْرُجُ مِنْهُمَا ٱللُّؤْلُؤُ وَٱلْمَرْجَانُ

“दो समंदरों को उसने छोड़ दिया, कि वो आपस में मिल जाएं। फिर भी उनके बीच एक पर्दा है। जिसको वो पार नहीं करते। बस तुम अपने रब की कुदरत की किन-किन नेमतों को झुठलाओगे? इन्हीं समंदरों से मोती और मूंगे निकलते हैं।”

(अर-रहमान: 55:19-22)

इस किताब में सास के रिश्ते से जुड़ी हुई क़ुरान की आयात और सही अहादीस को इकट्ठा किया गया है। और उनके आधार पर बात की गई है जिन की मदद से सास और बहू एक दूसरे के अधिकारों का ख़याल रख सकें और ख़ालिस अल्लाह के लिए आपसी प्रेम और सद्भावना के साथ मिल-जुलकर अपने जीवन गुज़ार सकें। ये किताब उन्हें अपने दीन पर गर्व के साथ, अल्लाह की रज़ा के लियें क़ुरान-सुन्नत के तरीक़े से भरपूर ज़िंदगी बिताने के लिए सहायक साबित होगी।

पहला अध्याय:

सम्बन्ध जोड़े रखना

هَلْ جَزَآءُ الْإِحْسَٰنِ إِلَّا الْإِحْسَٰنُ

"नेकी का बदला नेकी के सिवा और क्या हो सकता है?"

(अर-रहमान: 55:60)

इस्लाम एक पूरी आचार संहिता है जो ज़िंदगी को उच्च श्रेणी के हिसाब से गुज़ारने के लिए एक व्यापक नैतिक व्यवस्था देता है। ऐसे दौर में जहाँ हर तरफ़ भौतिकवाद और खूनी खेल का दौर हो, वहाँ एक खुशगवार परिवार जैसी बड़ी नियामत की नाक़द्री मामूल बन चुकी है। अल्लाह ने हमें जिन रिश्तों में बांधा है, उन्हें निभाना हमारी सबसे पहली ज़िम्मेदारी है। ये एक ऐसा अनुबंध है, जो हर हाल में पूरा किया जाना चाहिए।

इंसान होने के नाते वो संबंध जो हम दूसरों से स्थापित करते हैं, हमारी मानसिक और भावनात्मक स्वास्थ्य और उस से भी बढ़कर हमारे ज़िंदा रहने और ईमान के लिये सबसे ज़रूरी है। किसी भी परिवार में सास बहू का संबंध सबसे ज़्यादा संवेदनशील होता है। ससुराली रिश्तों में यह रिश्ता सबसे नाज़ुक है। इस रिश्ते में तनाव तो पहले दिन से ही पैदा हो जाता है। ज़ाहिर है ये एक ऐसा बन्धन है, जो अलग अलग पृष्ठभूमि, मान और अलग अलग घरानों में परवरिश पाने वाली औरतों को एक जगह इकट्ठा कर देता है। और उनसे अपेक्षा रखता है, कि वो अच्छी बहू अच्छी सास बनने का भरपूर प्रयास करें।

दो लोग जो बिलकुल ही अलग सोच और ख़यालात, अलग व्यक्तित्व के मालिक हैं, आपस में कैसे मिल जुलकर रह सकते हैं? ये समझना इस रिश्ते की सुखद शुरुआत और उसे सकारात्मक अंदाज़ से लेकर चलने के लिए ज़रूरी है।

सास बहू के रिश्ते को जो चीज़ सबसे ज़्यादा असर करती है, वो बेटे का अपनी ज़िंदगी की उन दो अहम औरतों के साथ व्यवहार में संतुलन है। यही बात इस संवेदनशील और नाज़ुक रिश्ते के मज़बूत होने में अत्यंत महत्व रखती है।

कभी कभी सास ये महसूस करती है, कि नई दुल्हन के घर आ जाने की वजह से बेटे के दिल में उसका प्रेम कम हो जाएगा। उसकी बहू, बेटे की ज़िंदगी में आने वाली "एक और औरत" होती है। अफ़सोस उस वक़्त होता है, जब सास बहू में 'बेटे का ध्यान आकर्षित करने' के लिए खींचातानी शुरू होती है और दोनों इस बात पर फ़िक्रमंद रहती हैं, कि किसे घर और बेटे की ज़िंदगी पर बरतरी मिल जाए। और किसका उस पर असर ज़्यादा रहे। इन दोनो औरतों की सारी कोशिशें अपनी केंद्रीय भूमिका को बनाये रखने के लियें होती हैं। दोनों ही अपनी इस जगह को पाने, या बचाने की कोशिशों में व्यस्त रहती हैं। और कभी कभी एक दूसरे से आशंका भी महसूस करती हैं।

अगर हम इसे सास की नज़र से देखें, तो यह समझना मुश्किल नहीं है। कि ये उसका बेटा है, जिससे उसने जन्म दिया। परवरिश की। पढ़ाया और जीवन के हर मामले में आगे बढ़ने में मदद की। शारीरिक और मानसिक ज़रूरतों का ख़याल रखा। यहाँ तक कि बेटे ने अपनी माँ की दुआओं के साए में अपनी पढ़ाई पूरी कर ली। और रोज़गार से लग गया। अब तक के इस सफ़र में, माँ के महत्व का कोई बदल नहीं था। यही माँ अपने बेटे और उसकी शादी के लिए हर वक़्त कल्पना में फ़िक्रमंद और दुआ माँगती रहती थी। चाहे बहू उसकी पसंद हो या बेटे का चुनाव। माँ ने बहुत प्यार और लाड़ से बहू के स्वागत की तय्यारियाँ कीं और शादी के दिनों में जब वो उन्हें खुश देखती तो ख़ुशी से झूम जाती, फिर धीरे-धीरे स्थितियाँ बदलने लगतीं हैं।

एक पुरानी कहावत है। सास कभी माँ, कभी सहेली और कभी बहू की ज़िंदगी में ख़तरा होती है। दूसरी तरफ़ बहू सगी बेटी न होने के बावजूद 'परिवार का महत्वपूर्ण हिस्सा है'; इसलिए अक्सर सासें घर के मामलात को आगे बढ़ाते वक्त एक पेचीदगी और मुश्किल का सामना करती है।

जब सास और बहू एक दूसरे की तबियत और आदत को जाने बग़ैर और अपनी आपसी अंतर के नाज़ुक पहलुओं को समझे बग़ैर, आपस में रिश्ता रखती हैं, तो उनके स्वभावों में ऐसा क्या असर पड़ता है? इस बात का अंदेशा रहता है कि वो एक दूसरे से ज़्यादा उम्मीदें बाँधें, बेसब्री दिखाएं और परेशान रहें। अक्सर ऐसा भी होता है, कि वो एक दूसरे को समझने और आपस में इज़्ज़त और सम्मान देने की कोशिश नहीं करतीं, जिसके नतीजे में दुख और गुस्सा और अविश्वास का माहौल

बढ़ने लगता हे। आपस में बोल चाल ख़त्म हो जाती है। और दिलों पर ऐसा भारी घाव लगता है, जिसका भरना बहुत ही मुश्किल हो जाता है।

इस पूरी कायनात में एक संतुलन है, जो अंतर के नियम पर चल रही है। और हर चीज़ एक संतुलन और अनुशासन के अनुपात से जुड़ी हुई है। क़ुरान में ये बेमिसाल आयत, इस हैरत अंगेज़ नियम की सच्चाई बताती है:

وَكُلٌّ فِى فَلَكٍ يَسْبَحُونَ

"हर चीज़ अपनी कक्षा में तैर रही है।"

(यासीन: 36:40)

ये महान आयत हमें सोचने और प्रतिबिंबित करने के लिए प्रोत्साहित करती है। और बताती है कि अल्लाह ने किस शानदार तरीक़े से अपनी तख़लीक की मिसाल को पूरा बनाया है। इस कायनात में कितने ही नक्षत्र हैं, जो एक दूसरे से टकराए बिना अपनी अपनी कक्षाओं में घूम रहें हैं, जैसे सूरज चाँद सितारे आदि। यह एक मुकम्मल संतुलन और अनुपात से अपनी कक्षा में तैरते रहते हैं।

इसी तरह कितने ही ऐसे सफल और सुखद परिवार हैं, जहां सास और बहू आपसी सद्भाव, ख़ुशी और सुकून से मिल जुलकर ज़िंदगी गुज़ारती हैं।

इसका राज़ क्या है? इस सफलता और सुख का हक़दार बनने का सबसे बेहतर और असरदार तरीक़ा क़ुरआन की इलहामी हुक्म को मानना और अपने प्यारे नबी की सुन्नतों को जानना और उन्हें अपने जीवन में स्थापित करना है। अल्लाह की रस्सी को मज़बूती से थामे रखो, सफल हो जाओगे।

अल्लाह के रसूल ने फरमाया:

"यह क़ुरान अल्लाह की रस्सी है। जिसका एक सिरा अल्लाह के हाथ में है, और दूसरा तुम्हारे हाथ में, इसको मज़बूती से थामें रखो, तुम कभी सीधे रास्ते से नहीं भटकोगे। और न ही नामुराद होगे।"

(सही इब्ने हिब्बान: 122)

जब हम नीचे लिखी बातों पर अमल करेंगे तो ये ख़ूबसूरत और नाज़ुक रिश्ता पनपेगा और फले फूलेगा।

1) يَـٰٓأَيُّهَا ٱلَّذِينَ ءَامَنُوا۟ ٱسْتَعِينُوا۟ بِٱلصَّبْرِ وَٱلصَّلَوٰةِ ۚ إِنَّ ٱللَّهَ مَعَ ٱلصَّـٰبِرِينَ

"ए लोगों जो ईमान लाए हो! सब्र और नमाज़ से मदद लो अल्लाह सब्र करने वालों के साथ है।"

(अल बक़रह 2:153)

2) अपने ईमान को फ़ायदा मंद और कारगर इल्म के ज़रिए मज़बूत करना और उसे अपने अमल का हिस्सा बनाना।

3) अल्लाह के सामने दिल से अपने लिए हिदायत की दुआ माँगे, ताकि हम अहसान के रास्ते पर चलते हुए अपनी बहू के हक़ पूरे कर सकें।

4) याद रखें कि अल्लाह ही दिलों को फेरने वाला है, वो ही इस सम्बन्ध को मजबूत कर सकता है।

5) मुख़लिस रहिए। चाहे दूसरा व्यक्ति हमारी नरमी का जवाब दे या न दे। हमारा हर कर्म सिर्फ़ और सिर्फ़ अल्लाह की ख़ुशनुदी पाने के लिए होना चाहिए।

यह ख़ूबसूरत और नाज़ुक रिश्ता उस वक़्त एक नया मोड़ लेता है जब क़ुरान की रोशनी दिलों में दाख़िल होकर प्रतिबिंब होती है (अपना असर दिखाने लगती है)। धीरे धीरे एक दूसरे को समझने और एक दूसरे के अंतर को पहचानने और सराहने के नतीजे में दिलों में मोहब्बत पैदा होती है, यहाँ तक कि वो बड़े दिल वालियाँ होकर एक दूसरे की मदद और मोहब्बत करना सीख जाती हैं। अल्लाह की ख़ातिर एक दूसरे से मोहब्बत इस रिश्ते को एक बेमिसाल बंधन में बाँध देती है। एक ऐसा बंधन जो ना केवल अल्लाह की रज़ा की वजह है बल्कि उनकी ज़िंदगी में सुख ही सुख लाता है और यही चीज़ दुनिया और आख़िरत की कामयाबी की ज़मानत है।

अल्लाह के रसूल ने फ़रमाया:

"बेशक़ अदल और इंसाफ़ करने वाले अल्लाह के पास नूर के मिंबरो पर होंगे। यानी वो लोग जो अपने फैसलों में, अपने घरवालों के बारे में और उन कामों में जो उनके सुपुर्द है, इन्साफ़ से काम करते हैं।"

(सही मुस्लिम: 4493)

दूसरा अध्याय:
सास के सन्दर्भ में

وَإِن تَعُدُّوا۟ نِعْمَةَ ٱللَّهِ لَا تُحْصُوهَآ ۗ إِنَّ ٱللَّهَ لَغَفُورٌ رَّحِيمٌ

"अगर तुम अल्लाह की नियमतों को गिनना चाहो तो नहीं गिन सकते। असलियत में वो बड़ा माफ़ करने वाला और रहम करने वाला है।"

(अन-नहल: 16:18)

माँ एक ऐसा अनोखा शब्द है जिसका वर्णन एक वाक्य में संभव नहीं। क्योंकि माँ से बढ़कर कोई किसी से प्यार नहीं कर सकता। माँ के बारे में एक ख़ूबसूरत बात आती है, कि ये जवानी धुँधला जाती है, मोहब्बत घट जाती है, दोस्ती के पत्ते झड़ जाते हैं। लेकिन माँ के दिल की छिपी हुई तमन्नायें हमेशा रहती है। माँ की मोहब्बत इस दुनिया की सबसे निःस्वार्थ, बिना शर्त और ना समाप्त होने वाली मोहब्बत है।

माँ और बच्चे का संबंध इतना ज़्यादा गहरा है कि बच्चे की पूरी ज़िंदगी में बनने वाले सारे संबंधों पर उसका असर होता है। जिस वक़्त औरत को मालूम होता है कि वो माँ बनने वाली है, उसी लम्हे उसमें अपने बच्चे की सुरक्षा की स्वाभाविक इच्छा पनपने लगती है। भले ही उसने बच्चे को अभी देखा भी नहीं होता लेकिन इन नौ महीने और जन्म के बाद बच्चा उसके लियें दुनिया की सबसे क़ीमती चीज़ बन जाता है।

ममता त्याग, दृढ़ संकल्प और निस्वार्थ प्रेम का नाम है। 'माँ बनना' दुनिया का सबसे मुश्किल काम है। वह अपनी हर ज़रूरत को अपने बच्चे के ख़ातिर पीछे डाल देती है। और उसके बेहतर कल के लिए अपनी जान लगा देती है। अपनी गृहस्थी में बहुत सारे काम ख़ुशी ख़ुशी से करने के साथ साथ वह अपनी जवानी अपने बच्चे की परवरिश में गुज़ार देती है। उसकी बहतरीन परवरिश में अन्थक मेहनत करती है, ताकि वो पढ़ाई, कौशल और हर क्षमता में प्रतिष्ठित हो और

एक अच्छा व्यक्ति बने। ये हमारी माँ ही हे जो हमें जीवन के उच्च मूल्यों का उत्तराधिकारी बनाती हैं। इस्लाम में माँ को एक बहुत ऊँचा स्थान दिया गया है। अल्लाह ने क़ुरान में फ़रमाया है:

وَوَصَّيْنَا ٱلْإِنسَـٰنَ بِوَٰلِدَيْهِ حَمَلَتْهُ أُمُّهُۥ وَهْنًا عَلَىٰ وَهْنٍ وَفِصَـٰلُهُۥ فِى
عَامَيْنِ أَنِ ٱشْكُرْ لِى وَلِوَٰلِدَيْكَ إِلَىَّ ٱلْمَصِيرُ

"हमने इंसान को हिदायत की है कि वो अपने माँ बाप के साथ अच्छा बर्ताव करे। उसकी माँ ने मुश्किल उठाकर उसे पेट में रखा और मुश्किल उठाकर ही उससे जना, उसके जन्म देने और दूध छुड़ाने में 30 महीने लग गए।"

(लुक्मान: 31:14)

नीचे लिखी हुई हदीस में माँ के किरदार की अहमियत बताई गयी है:

"अबू हुरैरा ने फ़रमाया, कि एक आदमी अल्लाह के रसूल ﷺ के पास आया ओर कहा "ए अल्लाह के रसूल! मेरे अच्छे सुलूक का सबसे ज़्यादा हक़दार कौन है? आपने फ़रमाया "तुम्हारी माँ!"। उसने फिर पूछा: फिर कौन? आपने फ़रमाया "तुम्हारी माँ! "उसने फिर पूछा: फिर कौन? आपने फ़रमाया "तुम्हारी माँ!" उसने फिर पूछा: फिर कौन? आपने फ़रमाया: "तुम्हारा बाप"

(सही बुख़ारी: 5971, सही मुस्लिम: 2548)

बचपन से जवानी तक का सफ़र निर्भरता से आत्मनिर्भरता तक का सफर होता है। औलाद छोटी हो या जवान, एक माँ हमेशा ही उसके लिए ज़रूरत से ज़्यादा ही संवेदनशील होती है। और हर समय उसे अपने नियंत्रण में रखना चाहती है। कभी कभी उसका प्रेम इतना ज़्यादा होता है कि वो अनजाने में अपने बेटे का जीवन कंट्रोल करने लगती है।

रिश्तों का पलड़ा उस वक्त असंतुलित हो जाता है, जब बेटा अपनी शादी के बंधन में बंधता है। यह मां के जीवन के लिए भी एक नए अध्याय की शुरुआत होती है।

माँ से सास की जगह तक पहुँचना जीवन का एक बहुत ही मुश्किल और मानसिक रूप से कठिन चरण है। जहां एक तरफ़ नई दुल्हन उसके बेटे को एक आदमी और पति के रूप में देखना चाहती है, वहीं संभव है कि माँ अपने बेटे को पूरी तरह जाने देने में हिचकिचा सकती है।

जब अपनी अपनी जगह और हैसियत को ना पहचाना जाए तो पेचीदा सूरतहाल बन जाती है। इस टकराव में कभी कोई एक लड़खड़ाता तो कभी दूसरा, और जीवन की इस डोर का नियंत्रण खो बैठता है।

सास बहू के बीच अनबन का एक बड़ा कारण माँ का अपने बेटे को सिर्फ़ अपनी संपत्ति समझने की प्रबल भावना है। इस भावना में माँ कभी अपनी औलाद पर गर्व करती है और कभी उसे खो देने के डर में पड़ जाती हैं। और यही परस्पर विरोधी भावनाएँ उन्हें असुरक्षित बनाने लगती हैं।

पिता की तुलना में माँ अधिक अनादर और आलोचना को महसूस करती है। जिसकी वजह से सास बहू का रिश्ता धीरे धीरे टकराव का शिकार हो जाता है। अक्सर बेटे माओं से अपने रिश्ते जताने में अच्छे नहीं होते हैं। जिसकी वजह से दोनों औरतों के बीच तनाव पैदा हो जाता है।

दूसरी तरफ़ बहू को यह महसूस होता है कि चाहे वो सास को ख़ुश करने के कितने ही जतन कर डाले, सास हमेशा उसे बुराई की नज़र से ही देखेगी। इसी तरह अगर बहू अपने तरीक़े से काम करे तो सास उसमें अपनी पसंद के हिसाब से ग़लतियाँ निकाल कर अस्वीकृती देती है। विडम्बना ये कि दोनों तरफ़ से "मैं न मानूँ हार" वाली स्थिति बन जाती है।

सास को ऐसा क्या सोचने का तरीक़ा और रवैया अपनाना चाहिए कि इस तरह की कोई स्थिती पैदा न हो?

1) सबसे पहले तो सास को खुले दिल के साथ इस असलियत को मान लेना चाहिए कि उसके बेटे पर अब बीवी की ज़िम्मेदारी भी है। उसकी अपने बेटे के साथ संबंधों की सीमाएं बदल चुकी हैं। उसे अपने बेटे के फ़ैसलों का आदर करना चाहिए।

2) उसे समझना चाहिए कि उसकी बहू उसके बेटे के जीवन में एक बहुत महत्वपूर्ण व्यक्ति है। बहू की आलोचना से माहौल में फ़ालतू का खिंचाव पैदा होता है।

3) इस बात की चेतना ज़रूरी है कि दुनिया की परीक्षाएं, इंसान की आध्यात्मिक विकास में अहम भूमिका अदा करती हैं।

4) उसे अपने आपको याद कराना चाहिए कि उसकी ज़िंदगी का मक़सद अल्लाह के सामने अपने आपको पूरा का पूरा झुकाना है। और अच्छे कामों के लिए दौड़ धूप करना है ताकि ये वो दुनिया और आख़िरत की सफलता पा सके। अपनी

ज़िद् को ना रोकना, अपने अहंकार को संतुष्ट करना और दूसरों के दोष देखते रहना सिर्फ़ ख़ुद को बर्बाद करने के कारण होते हैं।

ٱلَّذِى خَلَقَ ٱلْمَوْتَ وَٱلْحَيَوٰةَ لِيَبْلُوَكُمْ أَيُّكُمْ أَحْسَنُ عَمَلًا ۚ وَهُوَ ٱلْعَزِيزُ ٱلْغَفُورُ

"जिसने मौत और ज़िंदगी को पैदा किया ताकि तुम लोगों को आजमा कर देखे कि तुम में से कौन बेहतर अमल करने वाला है। और वो ज़बरदस्त भी है। और माफ़ करने वाला भी।"

(मुल्क: 67:2)

5) अल्लाह की ख़ातिर एक दूसरे से प्रेम की सोच को हर समय अपने आँखों के सामने रखना चाहिए। ये हर सम्बन्ध की ऐसी मज़बूत बुनियाद है जिसकी वजह से हम अपने तमाम रिश्ते, मामलात और मोहब्बतों में ईमान की मिठास को महसूस कर सकते हैं। बहू के साथ अल्लाह के लिए मोहब्बत करने से उसके साथ एक स्थायी संबंध पैदा हो जाता है।

6) हर छोटे से छोटा काम इख़्लास और अल्लाह को राज़ी करने के लिए किया जाना चाहिए। जब हम अल्लाह को राज़ी करने के लिये कोई भी काम करते हैं तो ये हमारी ज़िंदगी में अनेकों बरकतें और अनगिनत ख़ुशियाँ लेकर आता है।

उमर बिन खत्ताब رضی اللہ عنہ **से रिवायत है कि अल्लाह कि रसूल** صلی اللہ علیہ وسلم **ने फ़रमाया:**

"अमाल का दारोमदार नियतों पर है।"

(सही बुख़ारी: 1)

7) इस असलियत को भी नहीं भूलना चाहिए कि दुनिया का जीवन धोखे का सामान है। और अख़िरत ही बेहतर और बाक़ी रखने वाली है।

ٱلْمَالُ وَٱلْبَنُونَ زِينَةُ ٱلْحَيَوٰةِ ٱلدُّنْيَا ۖ وَٱلْبَٰقِيَٰتُ ٱلصَّٰلِحَٰتُ خَيْرٌ عِندَ رَبِّكَ ثَوَابًا وَخَيْرٌ أَمَلًا

"ये माल और औलाद सिर्फ़ दुनिया की ज़िंदगी की एक हंगामी आराइश है। असल में तो बाक़ी रह जाने वाली नेकियाँ ही तेरे रब के पास नतीजे के लिहाज़ से बेहतर है और उन्हीं से अच्छी उम्मीद रखी जा सकती हैं।"

(अल-कहफ: 18:46)

8) मौत की याद हमें बड़े लक्ष्य से जोड़ने, अच्छे अमल करने में, बुराई से अपने आप को बचाने और नापसंद सोचों से छुटकारा पाने में मदद करती है। ये एक ऐसी सच्चाई है जिस से भागना मुमकिन नहीं।

قُلْ إِنَّ ٱلْمَوْتَ ٱلَّذِى تَفِرُّونَ مِنْهُ فَإِنَّهُۥ مُلَـٰقِيكُمْ ۖ ثُمَّ تُرَدُّونَ إِلَىٰ عَـٰلِمِ
ٱلْغَيْبِ وَٱلشَّهَـٰدَةِ فَيُنَبِّئُكُم بِمَا كُنتُمْ تَعْمَلُونَ

"इनसे कहो, कि जिस मौत से तुम भागते हो वो तो तुम्हें आकर रहेगी। फिर तुम उसके सामने पेश किए जाओगे जो छुपे और ज़ाहिर का जानने वाला है, वो तुम्हें बता देगा कि तुम क्या कुछ करते रहे हो।"

(अल-जूमाह: 62:8)

9) अल्लाह की याद और आख़िरत की फिक्र, इन्सान के दिल को हिकमत के नूर से चमका देती है। ये हमें सही और ग़लत की तमीज़ कराती है। 'जवाब देना होगा' का अहसास हमारे ईमान के लिए ढाल बन जाती है।

وَلَلدَّارُ ٱلْـَٔاخِرَةُ خَيْرٌ لِّلَّذِينَ يَتَّقُونَ ۗ أَفَلَا تَعْقِلُونَ

"हक़ीक़त में आख़िरत ही की जगह इन लोगों के लियें बेहतर है जो दिखावे से बचना चाहते हैं। फिर क्या तुम लोग अक़्ल से काम ना लोगे।"

(अल-अनआम: 6:32)

एक खूबसूरत कहावत है:

ज़ख़्म हिम्मत में बदल सकते हैं अगर तुम चाहो तो। लड़खड़ाते कदम सफलता की सीढ़ी बनसकते हैं। ऐसे मौक़े बर्बाद मत करो जो मुश्किलों और हादसों की शक्ल में सिखाने आते हैं। दिल का हारना ज़िंदगी बनने का सबब बन सकता है।

दुरुस्त सोच अपनाने से सास अपनी बहू के साथ बेमिसाल रिश्ता बना सकती है। ये रिश्ता उन्हें शानदार आत्मविश्वास देगा और ये आत्मविश्वास उन्हें समाज के लिये उपयोगी और फ़ायदेमंद किरदार बनाने और क़ुरान सुन्नत के हिसाब से भरपूर जीवन गुज़ारने पर उभारेगा जैसा कि वो हमेशा से चाहती थीं।

तीसरा अध्याय:

बहू का स्वागत

إِنَّهُۥ مَن يَتَّقِ وَيَصْبِرْ فَإِنَّ ٱللَّهَ لَا يُضِيعُ أَجْرَ ٱلْمُحْسِنِينَ

"असलियत ये है कि अगर कोई तक़वा और सब्र से काम ले तो अल्लाह के यहाँ नेक लोगों का अज्र ज़ाया नहीं जाता।"

(यूसुफ: 12:90)

जीवन के समंदर में, भावनाओं के इस तूफान को बयान करना बहुत मुश्किल है, जिनसे माँ बेटे की शादी के वक्त गुजरती है। ये उसके जीवन का मुश्किल वक़्त है, जो उसे भावनात्मक तौर पर भी थका देता है। चाहे माँ बेटे के लिए दुल्हन की तलाश करे या बेटे की पसंद को परखे। अपनी थकावट के बावजूद जब वो बेटे की शादी का सोचती है, तो बहुत खुश और उत्साहित हो जाती है।

ये ऐसा वक़्त है जब माँ के दिल की ये नरम और नाज़ुक भावनाएँ (लहरों की तरह) उभरने लगती हैं। उसका दिल उसे अतीत का सफ़र कराते हुए पुरानी और ख़ुशगवार यादों की गलियों में ले जाता है। जहां वो अपने बेटे का बचपन देखती है। वो वक़्त के पर लगाकर उड़ने पर स्तंभित रह जाती है। आज उसका बेटा एक हट्टा कट्टा नौ जवान है और अपने जीवन में बहैसियत पति का नया रोल निभाने के लिये तैयार है।

एक वक्त था, जब उसका नौनिहाल नींद से जागता तो उसके नन्हें चेहरे पर दिल मोह लेने वाली मुस्कुराहट सजी होती, उस पल वो कैसी उमंग और ख़ुशी से भर जाया करती थी। जब वो उसे लेने नर्सरी जाती तो वो उसे देख कर किस गरमजोशी से लपकता था। जब वो अपने लाड़ले को आराम देह बिस्तर पर लिटाती, उसे गले से लगाती, चूमती और उसके माथे पर आए हुए बालों को सहलाते हुए नींद की दुआ पढ़ती तो कैसा सुकून (संतोष) और खुशी महसूस किया करती थी। ये उसके जीवन का क़ीमती ख़ज़ाना और सुनहरे पल हैं जो वक्त की धूल में धुंधलाए नहीं।

एक माँ ख़ुशी और बेक़रारी की इस मिली जुली हालत को कैसे भुला सकती है, जब उसके बेटे ने यूनिवर्सिटी से ग्रेजूएट किया? ऐसे होनहार बेटे की नियामत पर अपने रब्ब का शुक्र अदा करते हुए उसे अपनी ख़ुश नसीबी पर गर्व महसूस हुआ था। ये खूबसूरत यादें एक गर्व बनकर उसके जीवन का स्थायी हिस्सा बन जाती हैं। कभी यहाँ से झांकती हैं कभी वहाँ से।

यादों की बाढ़ का बाँध उस वक्त टूट जाता है जब उसका बेटा जीवन के नए सफ़र की शुरुआत करता है। वह बेटा जिसे देख कर वो जीती थी और जो उसकी ख़ुशियों का केंद्र बिंदु रहा था। बेटे के लिये चाँद सी दूल्हन की तलाश के मुश्किल काम के शुरू में ही वो ये बात जान लेती है कि उसका जीवन भी अब बदलने वाला है।

लेकिन क्या बहू का चुनाव इतना ही आसान है जितना नज़र आता है? यक़ीनन ऐसा नहीं है! माँ के दिल में बहुत से सवाल सर उठाते हैं। एक लड़की का चुनाव कैसे किया जाए? हमारा दीन इस मामले में हमारी क्या रहनुमाई करता है? रिश्ता करते वक़्त किन बातों को ध्यान में रखना चाहिए?

इस्लाम हमें सिखाता है कि निकाह की बुनियाद तक़वा (अल्लाह का डर) और नेकी होनी चाहिए, न कि दुनिया का फ़ायदा या दिखावा। यही हमारे इस्लाम की रूह है।

अबू हुरैरा رضي الله عنه से रिवायत है कि अल्लाह के रसूल صلى الله عليه وسلم ने फ़रमाया:

“निकाह के लिए आम तौर पर एक औरत में चार चीज़ें देखी जाती है। माल दौलत, ख़ानदानी शराफ़त, ख़ूबसूरती, दीन और अख़लाक़। दीनदार औरत से शादी करो तुम्हारा भला हो।”

(सही बुख़ारी: 5090, सही मुस्लिम: 1466)

अपनी पहचान को हासिल करने के लिए यह ज़रूरी है कि माँ, नीचे लिखी हुई बातों की रोशनी में अपना जायज़ा ले:

1) क्या वो क़ुरान को सीखने और उसपर ग़ौर और फ़िक्र करने के लिये वक्त निकाल पाती है? इस अमल से उसे ख़ुद के अंदर झांकने, ज़िंदगी के अलग अलग पहलुओं और विचार कोण को इस्लाम की रोशनी में देखने में मदद

मिलेगी। अपने रब की शुक्र गुज़ार बंदी बनने के लिये जीवन में मिली अनगिनत और बिन माँगी नेमतों की कद्र करनी चाहिए। ये ना सिर्फ़ अपनी पहचान के लिये बल्कि अपनी ग़लतियों को जानने के लिये बहुत ज़्यादा ज़रूरी है ताकि वो अपने आप को बेहतर और कारगर व्यक्तित्व में ढाल सके।

كِتَـٰبٌ أَنزَلْنَـٰهُ إِلَيْكَ مُبَـٰرَكٌ لِّيَدَّبَّرُوٓا۟ ءَايَـٰتِهِۦ وَلِيَتَذَكَّرَ أُو۟لُوا۟ ٱلْأَلْبَـٰبِ

"ये एक बड़ी बरकत वाली किताब है जो हमने आपकी (नबी ﷺ) तरफ़ नाज़िल की है ताकि ये लोग इसकी आयत पर ग़ौर करें और अक़्ल रखने वाले इससे सबक़ लें।"

(साद: 38:29)

2) रसूल ﷺ की सीरत को पढें। इससे जीवन को रोशन और कारगर नज़रिए से देखने में मदद मिलेगी। ऐसा करना उसे अपने विचारों की समीक्षा करने और बेहतर इंसान बनने के काबिल बनाएगी।

هَلْ جَزَآءُ ٱلْإِحْسَـٰنِ إِلَّا ٱلْإِحْسَـٰنُ

"क्या नेकी का बदला नेकी के सिवा भी कुछ हो सकता है।"

(अर-रहमान: 55:60)

3) रिश्ता करते वक्त बेटे का अच्छी तरह मार्गदर्शक बनने के साथ साथ उसकी पसंद का भी ख़याल ज़रूरी है क्योंकि वो इसकी जीवन साथी है जिसके साथ उसे ये नया सफ़र शुरू करना है।

4) कभी कभी एक माँ के लिए ये बात दुःख का कारण होती है जब नई पीढ़ी के विभिन्न रुझान, रंगीन और परस्पर विरोधी विचार का सामना होता है। लेकिन इसके लिये बेहतर यही है कि वो बदलाव को स्वीकार करे और उलझने से बचे। हर हाल में अल्लाह के कद्र (तक़दीर) को स्वीकार करे, इस से इन हालत से निबटना आसान होगा। शिकायत ना करने और अल्लाह की रज़ा में राज़ी रहने से उसे सुकून की दौलत नसीब होगी।

وَعَسَىٰٓ أَن تَكْرَهُوا۟ شَيْـًۭٔا وَهُوَ خَيْرٌۭ لَّكُمْ ۖ وَعَسَىٰٓ أَن تُحِبُّوا۟ شَيْـًۭٔا وَهُوَ
شَرٌّۭ لَّكُمْ ۗ وَٱللَّهُ يَعْلَمُ وَأَنتُمْ لَا تَعْلَمُونَ

"हो सकता है एक चीज़ तुम्हें ना पसंद हो और वही तुम्हारे लिये बेहतर हो और हो सकता है एक चीज़ तुम्हें पसंद हो और वही तुम्हारे लियें बुरी हो, अल्लाह जानता है और तुम नहीं जानते।"

(अल-बक़रह: 2:216)

5) अहसान का तरीक़ा बहुत अच्छा तरीक़ा है। लोगों से नरमी का सुलूक और प्यार, उसके जीवन को बड़े मक़सद वाला, सुकून वाला और खुशगवार बना देगा और उसे बेटे और बहू से अच्छे रिश्ते बनाने में मदद मिलेगी।

إِنَّ ٱللَّهَ لَا يُضِيعُ أَجْرَ ٱلْمُحْسِنِينَ

"बेशक अल्लाह मुहसीनीन (अहसान करने वाले) का अज्र (सवाब/बदला) ज़ाया (बर्बाद) नहीं करता।"

(अत-तौबाह: 9:120)

'अल्लाह पर पूरा भरोसा' उसे अपनी ज़िंदगी इस्लाम पर अमल करने में मदद देगा। ताकि वो समाज में उच्च मूल्यों की शुरुआत कर सके और असली सुकून पा सके।

चौथा अध्याय:

अपेक्षाएं

وَعَسَىٰٓ أَن تَكْرَهُوا۟ شَيْـًٔا وَهُوَ خَيْرٌ لَّكُمْ ۖ وَعَسَىٰٓ أَن تُحِبُّوا۟ شَيْـًٔا وَهُوَ
شَرٌّ لَّكُمْ ۗ وَٱللَّهُ يَعْلَمُ وَأَنتُمْ لَا تَعْلَمُونَ

"हो सकता है एक चीज़ तुम्हारे लियें ना पसंद हो और वही तुम्हारे लियें बेहतर हो, और हो सकता है एक चीज़ तुम्हें पसंद हो और वही तुम्हारे लियें बुरी हो, अल्लाह जानता है और तुम नहीं जानते।"

(अल-बक़राह: 2:216)

सारी दुआओं, योजनाओं और शादी के हंगामो के बाद सास सुकून की साँस लेती है। बेटे और बहू की ख़ुशियों भरी ज़िंदगी की कामना दिल में लिए वो अब आराम करना चाहती है। धीरे धीरे जीवन की धारा एक नई दिशा में बहने लगती है जब शक, बेचैनी और चिंतायें दिल में घर करने लगती हैं और नए इंसान को दिल में जगह देना मुश्किल हो जाता है।

वह माँ जो बेटे के जीवन में विशेष इंसान थी। जिसके जीवन का बड़ा हिस्सा उसके लिए समर्पित था, जो उसकी निगरान थी। आज इस नए हालात को समझने में दिक़्क़त का सामना कर रही है। वह चुपचाप अपने आपको मज़बूत दिखाने की कोशिश करती है, मगर ये कल्पना भी उसके लिए तकलीफ़ है, कि ना सिर्फ़ उसके अपने बेटे पर से बल्कि अपने परिवार और घर पर भी पकण छूट रही है। उसकी केंद्रीयता खो जाने की भावना ही निराशा जनक है।

वह ये नहीं जान पा रही कि उसकी जगह कोई नहीं ले सकता। वो विशेषाधिकार प्राप्त स्थान पर है। वह निर्विवाद है, जो अल्लाह ने उसे अता किया है। क़ुरान के ज़रिए उसे सम्मानित किया गया है।

जब इंसान तर्क हीन मानसिकता, प्रलोभन का शिकार होता है, तो शैतान जो उसका खुला दुश्मन है, इस अनमोल संबंध में बिगाड़ पैदा करने कि लिये खेल

खेलता है। कभी वह उसके बहकाने के कारण असुरक्षित महसूस करती है। ओर अवास्विकता का शिकार हो जाती है। उसे अपनी नाव डोलती दिखाई देती है। तो कभी कभी आस पास के लोग अनजाने में उसे ये विश्वास दिला देते हैं, कि उसकी बहू उसकी जगह ले चुकी है।

इसी तरह बहुत सी माऐं एक "आदर्श बहू" की अपेक्षा बांधे होती हैं। ऐसी अवास्तविक अपेक्षाएँ जो पहाड़ की चोटी की तरह आसमान से बातें करती हों इंसान को निराशा की ओर ले जाती हैं।

कुछ परिवारों में बहू से ये अपेक्षा की जाती है, कि वह आते ही घर की सारी ज़िम्मेदारियाँ सम्भाल ले। फिर चाहे, जैसे खाना बनाना, ससुराल वालों को परोसना या सौदेबाजी करना। सास सोचती है क्यूँकि उसने ये सब काम किया है, इसलिए बहू को भी ऐसा ही करना चाहिए।

अगर सास विधवा हो या तलाक शुदा हो तो स्तिथि और गम्भीर हो जाती है। भावनात्मक रूप से कमजोर माँ अपनी बहू के साथ जाने अनजाने, छोटी छोटी बातों में उलझ जाती हैं। यह एक ऐसी लड़ाई है जिसमें किसी की हार जीत नहीं होती है।

भावनात्मक असुरक्षितता, इर्ष्या की आग को हवा देती है। और दोनों पक्षों में इर्ष्या और घृणा को व्यक्त करती है। जिसे अगर समय पर नियन्त्रण नहीं किया गया, तो यह उनके हंसते हुए घर को राख के ढेर में बदल सकता है। अब समय है सास के लिए अपने ख़िलाफ़ जहाद छेड़ने और परोपकारी रवैया अपनाने का। समय बीत जाने पर पछताने का कोई मतलब नहीं है।

नीचे चंद बुद्धि मत्त के बिंदु हैं जो सास को इस स्तिथि से बचने और इससे निबटने में मदद कर सकते हैं।

1) एक खुश गवार शुरूआत रिश्ते की सही दिशा तय करती है। इसलिए सास को पहले दिन ख़ुशी और बड़े दिल के साथ बहू का स्वागत करना चाहिए। यह काम बहुत सी सासों के लिए आसान नहीं होता लेकिन व्यवहार के ये साधारण अन्दाज़ इन रिश्तों में गहरी छाप छोड़ते हैं। जिस पल बहू को पता चलता है कि "इसे पूरे दिल से स्वीकार किया गया है", दोनों के बीच एक ख़ूबसूरत सम्बन्ध स्थापित हो जाता है।

2) सास को अपने बेटे और बहू पर उदारता और प्यार दिखाते रहना चाहिए। अपनी बहू के साथ एक सगी बेटी की तरह व्यवहार करें। अक्सर सास-बहू के

लिए यह बहुत मेहनत का काम है, लेकिन "दयालु व्यवहार" ज़रूर से बहू के दिल में प्यार और सम्मान की भावना पैदा करेगा और यह रिश्ता फले फूलेगा।

3) कोई भी माँ, एक आदर्श माँ बन सकती है लेकिन त्याग और कड़ी मेहनत की आवश्यकता होती है। ईमानदारी से उठाया गया एक कदम अगले जीवन में उठाए जाने वाले अनगिनत कदमों को आसान बनाता है और यह रिश्ता और मजबूत होता जाता है।

4) अभी मौक़ा है कि सास अपने आप से जिहाद करे और अहसान का तरीक़ा अपनाए। वक़्त गुज़र जाएगा तो पछतावे का कोई फ़ायदा नहीं।

وَأَمَّا مَنْ خَافَ مَقَامَ رَبِّهِۦ وَنَهَى ٱلنَّفْسَ عَنِ ٱلْهَوَىٰ

"और जो अपने रब के सामने खड़े होने से डरा और अपने आपको बुरी ख़्वाहिशात से बचा कर रखा।"

(अन-नाज़ीआत: 79:40)

فَإِنَّ ٱلْجَنَّةَ هِىَ ٱلْمَأْوَىٰ

"तो जन्नत उसका ठिकाना होगी।"

(अन-नाज़ीआत: 79:41)

5) किसी से भी "पूर्ण" होने की उम्मीद करना उचित नहीं, क्यूँकि पूर्णता केवल अल्लाह के लिए है। बेशक, यह बात कई सास के लिये उलझन का कारण है लेकिन तथ्य यह है कि, हर एक इंसान के अंदर ताकत और कमजोरियां हैं। अच्छी और बुरी आदतें हैं। अच्छी आदतों पर नजर रखने से सास के लिए रिश्ते को सकारात्मक तरीके से आगे बढ़ाना और बहू के साथ बात करना आसान हो जाता है।

6) इंसान की ख़ुशी का सम्बंध उसके अपनों की ख़ुशी से है। सास को अपने बेटे और बहू के साथ नरमी का सलूक करना चाहिए, उनका अधिकार देना चाहिए और उनके रोज़ के कामों में उनकी मदद करनी चाहिए। सुखी जीवन का यह अनभुव उसे अल्लाह की नियमतों का शुक्र गुज़ार बना देगा और वह अपने जीवन को सार्थक पाएगी।

وَإِذْ تَأَذَّنَ رَبُّكُمْ لَئِن شَكَرْتُمْ لَأَزِيدَنَّكُمْ ۖ وَلَئِن كَفَرْتُمْ إِنَّ عَذَابِى لَشَدِيدٌ

"और याद करो तुम्हारे रब्ब ने ख़बरदार किया था। कि अगर शुक्र गुज़ार बनोगे तो मैं तुम को और ज़्यादा नवाज़ूँगा और अगर ना शुक्री करोगे तो मेरी सज़ा बहुत सख़्त है।"

(इब्राहिम: 14:7)

7) यह बात बहुत ज़रूरी है कि नए जोड़े की "प्राइवेसी" का ध्यान रखा जाए और उनके शादीशुदा जीवन में बिना वजह दख़ल देने से बचा जाए। इसकी वजह से उनकी नज़रों में सास की इज़्ज़त ज़रूर बढ़ेगी।

8) अपनी बहू के साथ कुछ सार्थक और ज्ञानवर्धक वक्त भी गुज़ारना चाहिए। ये साथ दोनो की जीवन की समझ, मानसिक विकास और हिकमत पाने में महत्वपूर्ण भूमिका निभाएगा और इसका असर आगे नई पीढ़ियों तक पहुँचेगा।

अब्दुल्लाह बिन उमर رضي الله عنه से रिवायत है कि अल्लाह के रसूल صلى الله عليه وسلم ने फ़रमाया:

"तुम में से हर एक चरवाहा है और उस से उसके रेवड़ के बारे में सवाल किया जाएगा। अमीर (शासक) जो लोगों के ऊपर होता है। वह एक चरवाहा होता है। और उनके लिए जिम्मेदार होता है।एक मर्द अपने परिवार के लोगों का चरवाहा होता है (उनकी भलाई के लिए जिम्मेदार) उससे उसकी ज़िम्मेदारी का सवाल किया जाएगा। औरत अपने पति के घर और बच्चों की रखवाली करनेवाली चरवाहा होती है, और वह उनके लिये उत्तरदायी होती है; और नौकर अपके मालिक की सम्पत्ति का चरवाहा होता है, और वह उसके लिये उत्तरदायी होता है। तो तुम में से हर एक एक चरवाहा है, और तुम में से हर एक अपने रेवड़ (ज़िम्मेदारी) के लिए जिम्मेदार है।"

(सही बुख़ारी: 7138, सही मुस्लिम: 1829)

9) जीवन के ऊचे लक्ष्यों पर नज़र रखने से छोटी चीज़ों से परे देखना आसान हो जाता है। अगर सास बडा चित्र नहीं देखती हैं, तो छोटी समस्याओं को बड़ा होने में देर नही लगती। इस तरह के मुद्दे बहू के व्यक्तिगत सौंदर्य लापरवाह, पारिवारिक कार्यक्रमों में समय की पाबंदी की कमी; सास के उनके घर जाने पर रात के खाने के लिए फास्ट फूड परोसना आदि हो सकते हैं।

10) दुआ मुमिन की तकलीफ़ का इलाज है। किसी भी तकलीफ की सूरत में दुआ माँगने से इंसान बहकने से बच जाता है।

وَقَالَ رَبُّكُمُ ٱدْعُونِىٓ أَسْتَجِبْ لَكُمْ

"आपका रब्ब कहता है, मुझे पुकारो मैं तुम्हारी दुआएँ कुबूल करूँगा।"

(गफिर: 40:60)

विनम्रता, निष्ठा और ईमानदार दिल से दुआ करना इंसान को अंतर्दृष्टि और उदारता जैसे गुणों से संपन्न करती है।

قَدْ أَفْلَحَ ٱلْمُؤْمِنُونَ

ٱلَّذِينَ هُمْ فِى صَلَاتِهِمْ خَٰشِعُونَ

"यक़ीनी तौर पर सफलता पाई, ईमान लाने वालों ने जो अपनी नमाज़ में ख़ुशु अपनाते हैं।"

(अल-मुमिनुन: 23:1-2)

11) बेशक ताली दोनों हाथों से ही बजती है। जब दोनो तरफ़ के लोग आपसी प्रेम और सुकून से रिश्तों को ज़िम्मेदारी और दया की भावना के साथ आगे बढ़ाएँगे तो ना सिर्फ़ उनका जीवन सुंदर बन जाएगा बल्कि उन से जुड़े रिश्ते भी उसकी सुगन्ध को महसूस करते हैं।

إِنَّا كَذَٰلِكَ نَجْزِى ٱلْمُحْسِنِينَ

"बेशक इसी तरह हम बदला देते हैं अहसान करने वालों को।"

(अल-मुरसलात: 77:44)

पाँचवा अध्याय:

आंतरिक कलह और अंतरात्मा से लड़ना

إِنَّ ٱلشَّيْطَٰنَ لَكُمْ عَدُوٌّ فَٱتَّخِذُوهُ عَدُوًّا ۚ إِنَّمَا يَدْعُوا۟ حِزْبَهُۥ لِيَكُونُوا۟ مِنْ أَصْحَٰبِ ٱلسَّعِيرِ

“असल में शैतान तुम्हारा दुश्मन है; इसलिए तुम भी उसे अपना दुश्मन ही समझो। वह अपने अनुयायी को अपनी राह पर इसलिए बुला रहा है, कि वो जहन्नुम वालों में शामिल हो जायें।”

(फातिर: 35:6)

हर औरत चाहती है कि उसे सराहा जाए, आदर किया जाए और उसके साथ प्रेम से पेश आया जाए। भरपूर और ख़ुशियों से भरा जीवन गुज़ारने के लिए ज़रूरी है कि सास अपने अच्छे बुरे विचारों पर निगरानी करे और अपना पूरा ध्यान रिश्ते की खूबसूरती पर रखे।

हर सास की ये चाहत होती है कि वह अपनी बहू के साथ हंसी ख़ुशी का मामला रखे। ताकि जीवन और परिवार में सुकून का माहौल क़ायम रहे। मगर क्योंकि शैतान इंसान का बड़ा दुश्मन है, वह घर की चौखट पर घात लगाए चौकन्ना रहता है। और अपने वसवसों से इंसान को बुराई पर उकसाता रहता है।

إِنَّ ٱلشَّيْطَٰنَ لَكُمْ عَدُوٌّ فَٱتَّخِذُوهُ عَدُوًّا

“असल में शैतान तुम्हारा दुश्मन है। इसलिए तुम भी उसे अपना दुश्मन ही समझो।”

(फातिर: 35:6)

क्योंकि ये एक बहुत ही संवेदनशील रिश्ता है। इसलिए मुमकिन है कि सास के दिल में बेटे बहू के बारे में नकारात्मक विचार पैदा हों:

- “मेरा बेटा शादी के बाद बदल गया है।”
- “वह हर समय उसे ही उपहार देता रहता है। और उस पर बहुत ख़र्च करता है।”
- “वह उसे मुझसे ज़्यादा उपहार देता है।”
- बहू बेटे से उम्मीद रखती है, कि वह सारा वक़्त उसके साथ गुज़ारे और अगर ऐसा न हो तो भावुक हो जाती है। और उसे मायका याद आने लगता है।
- “मैं खाना पकाती रह जाती हूँ और वो तारीफ़ वसूल कर लेती है।”
- “वह फूहड़ और बदसलूक है।”
- “मुझे बताए बिना घर से निकल जाती है।”
- “वह अपनी माँ को फ़ोन करती रहती है और घर की बातें उसे बताती है।”
- “वह आए दिन अपनी माँ से मिलने जाती है। वो मेरे बेटे को भी साथ ले जाती है।”
- “घर का खाना उसे नहीं भाता है और अक्सर बाहर से मंगवाती रहती है।”
- “मेहमान का ख़याल रखने का उसे ज़रा भी सलीक़ा नहीं है”
- “मिलने मिलाने का उसे चस्का ह। और घर में कम ही टिकती है।”
- “सारा दिन कमरे में घुसी रहती है। सिर्फ़ उस वक्त बाहर आती है जब मेरे बेटे के घर आने का वक़्त होता है।”
- “वह ख़रीदारी की शौकीन है और मुझे भनक भी नहीं पड़ने देती है।”
- “मेरा बेटा तो जोरू का गुलाम है उसे कुछ नहीं कहता है।”
- “काश मैंने अपने बेटे की उससे शादी न कराई होती, तो मुझे ये दिन ना देखना पड़ता।”

कोई भी औरत जानबूझकर अपने घर के माहौल का सुकून ख़राब नहीं करती, इस तरह के नतीजे निकालना शैतान की उकसाहटों का नतीजा है। बहुत सी सासें शैतान के वसवसों का शिकार होती है; और अपनी बहू के बारे में बुरा गुमान करने लगती है।

धीरे धीरे शैतान इस संवेदनशील रिश्ते में मुक़ाबले का एहसास पैदा करता है। और सास ये बात भूल जाती है, की ये दोनों के रिश्ते की वजह उसका बेटा ही है।

यह बुरे ख्यालात सब घर वालों और ख़ास तौर पर बहू की ज़िंदगी में सुकून ख़त्म कर देते हैं। कभी कभी सास अपनी बहू से इसलिए जलती है कि उसके बेटे का अपनी बीवी के साथ अच्छा खुश गवार रिश्ता है।

ऐसे संबंध जो बहुत नाज़ुक और संवेदनशील हों, उन्हें बहुत ज़्यादा एहतियात से बरता जाना चाहिए। सास को शैतानी बहकावे से निबटना चाहिए और अपने मामलात को बर्दाश्त, सब्र, अच्छी सोच और हिकमत से सुधारना चाहिए।

ये कुछ सुझाव हैं जो सास को अपने विचार सुधारने में मदद देंगे:

1) सबसे पहले सास इस बात को समझे कि शैतान अपनी सरगोशियाँ और वस्वसों से इंसानों के विचारों पर असर डालता है। और उन्हें भलाई से निकाल कर दुनिया और आख़िरत की बर्बादी की तरफ़ ले जाने की कोशिश करता है।

2) अगर मुमिन चौकन्ना और होशियार न हो तो उसका ईमान कमज़ोर हो सकता है। और वो मानसिक विकार और बेसुकूनी का शिकार हो सकता है।

   शेख़ अल इस्लाम इमाम इब्न तयिमिया (अल्लाह रहम करे उन पर) ने फ़रमाया:

   "दिल में रूह सरगोशियाँ करती है। शैतान उसे ख़्वाहिशाते नफ़्स के ज़रिये शक और संदेह में डालता है औरअच्छे स्वभाव में बिगाड़ पैदा करता है।"

3) अल्लाह की याद से लापरवाही और शैतान का कहा मान कर इंसान ख़ुद पर बेकार बोझ डाल लेता है। जिसकी वजह से वह रिश्ते की खूबसूरती और खुशी से वंचित रह जाता है।

   शेख़ अब्दुल अज़ीज़ बिन बाज़ (अल्लाह रहम करे उन पर) फ़रमाते हैं कि:

   "शैतान के नफ़्स पर हावी होने और वसवसों के बढ़ने की एक बड़ी वजह अल्लाह की याद और क़ुरान से लापरवाही होना है।"

4) सास को भलाई के कामों में व्यस्त रहना चाहिए और अपने आप को काहिली से बचाना चाहिए। ये एक ऐसी बीमारी है जो हमारे दिमाग़, शरीर और रूह के लिए हानिकारक है। अपने आपको अच्छे कामों और विचारों में व्यस्त ना रखने से रूह कमज़ोर हो जाती है। और रिश्तों में दरारें पड़ जाती हैं।

5) सकारात्मक सोच के लिए अच्छी संगत जरूरी है। सास को ऐसी औरतों के साथ समय बिताना चाहिए जो अल्लाह से डरने वाली हों, इस्लाम से प्रेम करती हों और क़ुरान सीखती या सिखाती हों। इस्लाम के उच्च मूल्यों का सम्मान और प्रोत्साहन करती हों। अल्लाह के ख़ातिर मिलना मिलाना इंसानो के आपसी

रिश्तों में उम्मीद और प्यार की रूह फूंक देता है। इससे आख़िरत की सफलता पर नज़र रखना और बुरे विचारों से बचना आसान हो जाता है।

6) इस महत्वपूर्ण हदीस के बारे में जानना ज़रूरी है, जो शैतान की चालों पर रौशनी डालती है। कि किस तरह वह अपनी सेना के ज़रिए पति पत्नी के रिश्ते में मतभेदों के बीज बोता है। ये चेतना (जागना) इंसान को अल्लाह की पनाह माँगने पर उभारता है।

जाबिर رضی اللہ عنہ (अल्लाह राज़ी हो उनसे) से रिवायत है कि अल्लाह कि रसूल ने फ़रमाया शैतान अपना सिंहासन पानी पर लगाता है। फिर वह अपनी फ़ौज भेजता है। उसके सब से पास वह होता है जो सबसे बड़ा फितना डालता है। उन में से एक आकर कहता है, मैंने ये और ये काम किया है। वह कहता है तुम ने कुछ नहीं किया। फिर उन में से एक आकर कहता है मैंने उस इंसान को उस वक्त तक छोड़ा यहाँ तक कि उसके और उसकी पत्नी के बीच जुदाई करवा दी। शैतान उसके क़रीब जाता है, और कहता है, "तुम सबसे बेहतर हो। आमश कहते हैं"। फिर वो उसे अपने गले लगा लेता है।

(सही मुस्लिम)

शैतानी वसवसों का मुक़ाबला करने के लिए ये जानना ज़रूरी है, कि इस्लाम हमारा क्या मार्गदर्शन करता है:

1) वसवसों से बचने के लिए अपने आप को अल्लाह की सुरझा मे दें।

सूरह अन-नहल की आयत (98-100) में अल्लाह ने फ़रमाया:

فَإِذَا قَرَأْتَ ٱلْقُرْءَانَ فَٱسْتَعِذْ بِٱللَّهِ مِنَ ٱلشَّيْطَٰنِ ٱلرَّجِيمِ

إِنَّهُۥ لَيْسَ لَهُۥ سُلْطَٰنٌ عَلَى ٱلَّذِينَ ءَامَنُوا۟ وَعَلَىٰ رَبِّهِمْ يَتَوَكَّلُونَ

إِنَّمَا سُلْطَٰنُهُۥ عَلَى ٱلَّذِينَ يَتَوَلَّوْنَهُۥ وَٱلَّذِينَ هُم بِهِۦ مُشْرِكُونَ

"जब तुम क़ुरान पढ़ने लगो तो शैतान मरदूद (धुतकारा हुआ) से अल्लाह की पनाह माँग लिया करो।" "उसे इन लोगों पर नियंत्रण नहीं होता जो ईमान लाते हैं और अपने रब्ब पर भरोसा करते हैं।"

"उसका ज़ोर तो उन्ही लोगों पर चलता है। उसको अपना मालिक बनाते हैं और उसके बहकाने से शिर्क करते हैं।"

2) सुबह और शाम के अज़्कार (अल्लाह की याद के कलिमात) को अपने लिए अनिवार्य कर लें।

इब्न क़य्यूम (अल्लाह इन पर रहम करे) कहते हैं:

"अल्लाह की याद शैतान को क़ाबू में रखती है और उसे ऐसी तकलीफ़ देती है। जैसे कोई कोड़ा बरसता हो। इसलिए मुमिन का शैतान बहुत कमज़ोर होता है।"

3) क़ुरान को रोज़ाना पढ़ने का मामूल बना लें। ये दिलों के लिए शिफ़ा है और बुरी चाहतों और शैतान के बहकावों से बचाता है।

4) अल्लाह को हर पल याद रखें। शैतान और उसकी सरगोशियों के ख़िलाफ़ उस से मदद माँगे। इसके लिए क़ुरान में ख़ास दुआएँ बताई गइ हैं।

وَقُل رَّبِّ أَعُوذُ بِكَ مِنْ هَمَزَٰتِ ٱلشَّيَٰطِينِ
وَأَعُوذُ بِكَ رَبِّ أَن يَحْضُرُونِ

'और दुआ करो कि "परवरदिगार! मैं शैतान की उकसाहटों से तेरी पनाह माँगता हूँ। बल्कि ऐ मेरे रब्ब मैं तो उस से भी तेरी पनाह माँगता हूं कि वह मेरे पास आयें।'

(अल-मोमिनून: 23: 97,98)

5) तौहीद (अल्लाह एक है) पर पूरा ईमान और उसकी बन्दगी में इख़्लास के ही ज़रिए इंसान शैतान की चालों से बच कर रह सकता है।

6) अपने घरों में अल्लाह का ज़िक्र बुलंद करें। घरवालों को भी नमाज़ और क़ुरान के लिए समझाएं और पाबंदी करवायएं। अल्लाह के ज़िक्र की बरकत से रिश्तों में बेहतरी आएगी।

7) जब घर में अंदर आएं तो सलाम करके आएं। यह अमल शैतान को आपके घर में आने से दूर रखेगा। जब कोई घर से बाहर जाए तो यह दुआ पढ़ें:

بِسْمِ اللهِ ، تَوَكَّلْتُ عَلَى اللهِ وَلا حَوْلَ وَلا قُوَّةَ إلاّ بِالله

"मैंने अल्लाह के नाम से शुरू किया, अल्लाह पर भरोसा किया और गुनाहों से बचने और नेकी को करने की क़ुदरत और ताक़त नहीं है सिवाए अल्लाह के सहारे के।"

अनस बिन मालिक رضی اللہ عنہ अल्लाह के रसूल ﷺ से रिवायत करते हैं आप ﷺ ने फ़रमाया:

"जिस ने ये दुआ पढ़ी उस से कहा जाएगा कि तुम्हारी किफ़ायत कर दी गयी है और तुम (दुश्मन की बुराई) से बचा लिए गए और शैतान तुम से दूर हो गया।"

(अत-तिर्मिधि: 3426)

8) सूरह बक़राह की नियमित तिलावत शैतान को घरों से दूर रखती है।

अबू हुरैरा رضی اللہ عنہ से रिवायत है कि अल्लाह के रसूल ﷺ ने फ़रमाया:

"तुम अपने घरों को क़ब्रिस्तान नहीं बनाओ। बेशक शैतान उस घर से भाग जाता है जिस में सूरह बक़राह पढ़ी जाती है।"

(सही मुस्लिम: 780)

अबू मसऊद बदरी رضي الله عنه रिवायत करते है कि नबी अकरम ﷺ ने फ़रमाया:

"जिस ने रात को सूरह बक़राह की आख़री दो आयतें पढ़ी, वो उसको काफ़ी हो जाएँगी।"

(सही बुख़ारी: 5009)

उत्तम टिकाऊ जीवन के लिये, ईमान और अमल दोनों ज़रूरी हैं। इस्लाम हर तरह के हालात में हमारी रहनुमाई करता है। यह एक ऐसा मज़हब है जिस में इबादत के तरीक़े अमल करने में आसान हैं और हमारी आध्यात्मिक, शारीरिक, मनोवैज्ञानिक और सामाजिक जरूरतों को पूरा करते हैं।

छठा अध्याय:

सीमाओं को पार करना

إِنَّ ٱللَّهَ لَا يَظْلِمُ مِثْقَالَ ذَرَّةٍ ۖ وَإِن تَكُ حَسَنَةً يُضَٰعِفْهَا وَيُؤْتِ مِن لَّدُنْهُ أَجْرًا عَظِيمًا

"अल्लाह किसी के साथ ज़रा सा भी अन्याय नही करता है। अगर कोई एक नेकी करता है, अल्लाह उसे दुगना करता है। और फिर अपनी तरफ़ से एक बड़ा अज्र देता है।"

(अन-निसा: 40:4)

हम जिस जीवन के सपने देखते हैं, असल में उससे बहुत दूर होते हैं ..क्यों? हम घर वालों से ख़ुश नहीं रहते ..क्यों? ऐसे हालात में क्या करना चाहिए?

वह एक आदर्श घर जिसकी हम तमन्ना रखते हैं, सकारात्मक रवैयों पर बनाया जाता है। जिसमें हर परिवार स्वतंत्र और सशक्त हो और जहां सबकी खुशियां शामिल हों। एक मुस्लिम परिवार एक शांति का स्थान है। जहां एक परिवार अच्छाई और बरकत के माहौल में फलता फूलता है। इसलिए ऐसे घर को हमदर्दी, प्यार, आपसी समझ, दिल की सच्चाई, ईमानदारी जैसे मज़बूत नींव पर स्थापित होना चाहिए।

किताब का ये अध्याय न सिर्फ़ "ज़िम्मेदारी के रवैये" के महत्व को उजागर करता है, बल्कि हर इंसान, ख़ास तौर पर सास के लिये सकारात्मक व्यवहार की ताक़त और इसमें कौशल होने के तरीकों पर भी चर्चा करता है।

ये अध्याय हमारा ध्यान सामाजिक जिम्मेदारियों की ओर ले जाता है। ताकि हम आध्यात्मिक और भावनात्मक रूप से मज़बूत इंसान बन सकें और अपने घर को जन्नत बना सकें।

हमारा जीवन एक "रोलर कोस्टर" की तरह है, जिसमें कभी इंसान आसमान की तरफ ऊँचा होता है, तो कभी नीचे झुकता चला जाता है। हमारी सफलता हमारे

सीखने की क्षमता पर निर्भर करती है, कि हम जीवन के उतार-चढ़ाव को किस समझदारी से संतुलित रख सकते हैं? ये योग्यता सिर्फ़ क़ुरान और सुन्नत की सही समझ और अमल के नतीजे में ही मिल सकती है।

आज की आधुनिक जीवन शैली की अपनी परेशानियाँ और उलझनें हैं, जो सौहार्दपूर्ण संबंधों को भी प्रभावित करती हैं। सास बहू के नाज़ुक रिश्ते पर भी असर पड़ता है। क्योंकि माओं को स्वाभाविक रूप से अपने बच्चों की चिंता रहती है। तो कभी कभी वह उनके जीवन में ज़रूरत से ज़्यादा दख़्ल देने लगती है।

अगर वह अपने इस रवैये को सही नहीं कर पायी, तो बेटे की शादी के बाद बड़ी मुश्किलें पैदा हो सकती हैं। इन समस्याओं को सौहार्दपूर्ण ढंग से सुलझाना चाहिए ताकि रिश्ते में प्यार और सम्मान बनार हे।

कभी कभी सास अनजाने में ही अपनी हदों को पार कर जाती है। उदाहरण के तौर पर:

- ✶ बिन माँगे मशवरे देना। जैसे उन्हें छुट्टियों में कहाँ जाना चाहिए।
- ✶ उनके कमरे में बिन दस्तक दिए चले जाना।
- ✶ खाना पकाने या बागबानी में बिना ज़रूरत मदद की पेशकश करना।
- ✶ उनको नसीहत करना, कि बच्चों को कौन से स्कूल भेजना चाहिए या किस प्रकार का भोजन देना चाहिए।
- ✶ उनके ज़ाती मामलात विशेष रूप से वित्तीय ख़र्चो के बारे में पूछ ताछ करना।

माँओं को यह बात पीडा देती है जब लोग ये समझें कि वह जानबूझकर दख़ल अंदाजी की कोशिश करती हैं। वह अनजाने पर भावनाओं के भँवर में फँस जाती हैं और अपने आप को फ़ालतू बहस और समस्याओं में उलझा लेती हैं।

माओं का इस रवैया में दख़ल अंदाजी से ज्यादा प्यार होता हैं। वह अपने बेटे बहू की भलाई चाहती हैं। हाँ! कुछ मौक़ो पर वो हद्द से ज़्यादा दख़ल अंदाजी और नियंत्रित करने की कोशिश करती हैं।

जीवन में आने वाली हर मुश्किल अनोखी होती है। समस्याओं को हल करने का कोई एक ठोस तरीक़ा नहीं है। हाँ! कुछ कौशल तो ऐसे हैं, जिन पर अगर अमल किया जाए तो रिश्ते बेहतर किए जा सकते हैं।

1) इस्लाम में सब्र और बर्दाश्त की बहुत अहमियत है। सास को अपनी भावनाओं की निगरानी करते हुए बर्दाश्त से काम लेना चाहिए।

2) सास को स्पष्ट तौर पर हदों को निर्धारित करना चाहिए। ताकि बहू के जीवन में बिना ज़रूरत दखल से बचा जाए।

3) बेटे और बहू को हर वक़्त नज़रों में नहीं रखना चाहिए।

4) उनके व्यक्तिगत संबंधों के बीच नहीं आना चाहिए।

5) एक ख़ुश गवार सम्बंध की बुनियाद अपनी हद्द को निर्धारित करना और उनको निभाना है। ये इस रिश्ते में इज़्ज़त और सम्मान के लिये अपरिहार्य है।

6) किसी ना ख़ुश गवार हालात को विनम्रता से कैसे हल किया जाए? कैसी सोच अपनाई जाए? क्या रवैया अपनाया जाए और कैसे संवाद किया जाए। यह सारे जवाब क़ुरान की शिक्षा, अल्लाह के रसूल ﷺ की सीरत और सहाबा इक्राम के जीवन के अध्ययन से मिलते हैं।

7) सास को हमेशा सहानभुती, अवसरवाद और स्पष्टता दिखानी चाहिए और अपनी स्तिथि का अनुचित लाभ नही उठाना चाहिए।

8) ख़ुद के और दूसरों के लिए ईमानदार रहने से ही इंसान हर तरह की मुश्किलों से निकल सकता है।

9) हर वक्त बहू बेटे को ख़ुश रखने की कोशिश भी उनके जीवन में बेजा दख़ल अन्दाज़ी की वजह बनती है।

10) सास के लियें ज़रूरी है कि वह परिवार में बहू के किरदार के महत्व को समझे, उसकी पसंदीदा व्यक्ति और सहायक बने। यह काम अगर नेक नियत से किया जाए तो ना सिर्फ़ बहू को विश्वास मिलेगा बल्कि सास के प्यार और प्रोत्साहन के साए में उसका व्यक्तित्व निखरेगा।

11) यह बात महत्वपूर्ण है कि वह मामलात को बहू की नज़र से भी देखे, उसे जानने और समझने की कोशिश करे। इस रवैये से बहू के दिल में सास की कद्र बढ़ेगी।

आएँ इन बातों की व्याख्या करते हैं जो सास को इस्लामी नज़रिए में ज़रूरत से ज़्यादा दखलअंदाज़ी की आदत से निजात पाने में मदद देंगी:

1) इस्लाम इस बात पर ज़ोर देता है, कि ऐसे विनम्र शिष्टाचार और सम्मानजनक मूल्यों को अपनाया जाए जिन से समाज में एक दूसरे के लिए इज़्ज़त और सम्मान बढ़े। यह मूल्य इंसान को झगड़ों से दूर रहते हुए अपने अधिकारों का सम्मान करना सिखाता है।

अल्लाह के रसूल ﷺ ने फ़रमाया:

"मुझे सम्मान और नैतिकता को पूरा करने के लिए भेजा गया है।"

(बुख़ारी, अहमद)

हदीस हमें अच्छे शिष्टाचार के महत्व का पाठ देती है; जो इंसान के किरदार को सुशोभित करता है और यही अहसान असल में ईमान का गहना है।

2) वह इंसान जन्नत में नहीं जाएगा, जिसके दिल में राई बराबर भी अभिमान हो। एक मुस्लिम का अनादरपूर्ण व्यवहार, अहंकार और असभ्य मूल्य इंसान की बर्बादी का कारण बन सकता है।

अल्लाह के रसूल ﷺ ने फ़रमाया:

"कोई भी चीज़ अच्छे अख़लाक़ से बढ़कर मीज़ान पर भारी नहीं होगी।"

(अत-तिर्मिधि: 2002)

3) सब्र और इसतिग़फ़ार (माफ़ी) के ज़रिए मुश्किलों से निबटा जा सकता है।

وَأَنِ ٱسْتَغْفِرُوا۟ رَبَّكُمْ ثُمَّ تُوبُوٓا۟ إِلَيْهِ يُمَتِّعْكُم مَّتَـٰعًا حَسَنًا إِلَىٰٓ
أَجَلٍ مُّسَمًّى وَيُؤْتِ كُلَّ ذِى فَضْلٍ فَضْلَهُۥ ۖ وَإِن تَوَلَّوْا۟ فَإِنِّىٓ أَخَافُ عَلَيْكُمْ عَذَابَ يَوْمٍ كَبِيرٍ

"और अगर तुम अपने रब से माफ़ी चाहो और उसकी तरफ़ पलट आओ, तो वो तुम्हें एक ख़ास मुद्दत तक अच्छे जीवन का सामान देगा और हर एक फ़ज़ल वाले को अपना फ़ज़ल देगा, लेकिन अगर तुम मुड़ गए, तो मुझे एक बड़े दर्दनाक दिन की सजा का डर है।"

(हूद: 11:3)

4) अच्छे शिष्टाचार में यह भी शामिल है, की जो बात इंसान से सम्बंधित नहीं, उसे छोड़ दिया जाये और दूसरों के मामलात की टोह में ना रहा जाए।

अल्लाह के रसूल ﷺ ने फ़रमाया:

"इस्लाम के अच्छे आदाब में से है कि उस बात को छोड़ दो जिस से तुम्हारा वास्ता नहीं।"

(तिर्मिधि)

5) छोटों से प्यार, दया और बड़ों का सम्मान हमारे दीन का हिस्सा है, ऐसा करने से सास बहू एक दूसरे के दिल में जगह बना लेंगी।

6) बेमतलब, फ़िज़ूल और बेकार बातों से बचना और विनम्र होना चाहिए।

अल्लाह के रसूल ﷺ ने फ़रमाया:

"जो इंसान अल्लाह और आख़िरत के दिन पर ईमान रखता हो,
उसे चाहिए की अच्छी बात कहे या नही तो चुप रहे।"

(रियाज़ अस-सालिहीन)

7) अल्लाह हमेशा हाज़िर है, इस बात का अहसास हमेशा रहना चाहिए।

وَٱعْلَمُوٓا۟ أَنَّ ٱللَّهَ يَعْلَمُ مَا فِىٓ أَنفُسِكُمْ فَٱحْذَرُوهُ ۚ

**"खूब जान लो कि अल्लाह तुम्हारे दिलों का हाल तक
जानता है इसलिए उस से डरो।"**

(अल-बक़राह: 2:235)

अल्लाह के रसूल ﷺ ने फ़रमाया:

"अल्लाह का तक़वा अपनाओ, जहां कहीं तुम हो और बुराई को
भलाई से मिटाओ और दूसरों से बेहतरीन बरताव से पेश आओ।"

(अत-तिर्मिधि: 1987)

8) इस्लाम हमें एक दूसरे का मज़ाक़ उड़ाने, बुरे नामों से पुकारने, जिज्ञासा, लोगों के राज़ों और ग़लतियों की टोह में रहने से मना करता है। अल्लाह क़ुरान में फ़रमाते हैं:

يَـٰٓأَيُّهَا ٱلَّذِينَ ءَامَنُوا۟ لَا يَسْخَرْ قَوْمٌ مِّن قَوْمٍ عَسَىٰٓ أَن يَكُونُوا۟ خَيْرًا مِّنْهُمْ وَلَا نِسَآءٌ مِّن نِّسَآءٍ عَسَىٰٓ أَن يَكُنَّ خَيْرًا مِّنْهُنَّ ۖ وَلَا تَلْمِزُوٓا۟ أَنفُسَكُمْ وَلَا تَنَابَزُوا۟ بِٱلْأَلْقَـٰبِ ۖ بِئْسَ ٱلِٱسْمُ ٱلْفُسُوقُ بَعْدَ ٱلْإِيمَـٰنِ ۚ وَمَن لَّمْ يَتُبْ فَأُو۟لَـٰٓئِكَ هُمُ ٱلظَّـٰلِمُونَ

"ऐ लोगों जो ईमान लाए हो! ना मर्द दूसरे मर्दों का मज़ाक़ उड़ायें। हो सकता है कि वो उन से बेहतर हों और ना औरतें दूसरी औरतों का मज़ाक़ उड़ायें। हो सकता है कि वो उन से बेहतर हों। आपस में एक दूसरे पर ताना ना करो और ना ही एक दूसरे को बुरे नामों से पुकारो। ईमान लाने के बाद गुनाहों में नाम पैदा करना बहुत बुरी बात है। जो लोग इस तरीक़े से बाज़ ना आए वो ज़ालिम हैं।"

(अल-हूजूरात: 49:11)

يَـٰٓأَيُّهَا ٱلَّذِينَ ءَامَنُوا۟ ٱجْتَنِبُوا۟ كَثِيرًا مِّنَ ٱلظَّنِّ إِنَّ بَعْضَ ٱلظَّنِّ إِثْمٌ ۖ وَلَا تَجَسَّسُوا۟ وَلَا يَغْتَب
بَّعْضُكُم بَعْضًا ۚ أَيُحِبُّ أَحَدُكُمْ أَن يَأْكُلَ لَحْمَ أَخِيهِ مَيْتًا فَكَرِهْتُمُوهُ ۚ وَٱتَّقُوا۟ ٱللَّهَ ۚ إِنَّ ٱللَّهَ تَوَّابٌ
رَّحِيمٌ

"ऐ लोगों जो ईमान लाए हो ,बहुत गुमान करने से बचो क्यूँकि कुछ गुमान गुनाह होते हैं। टोह ना लगाओ और तुम में से कोई किसी की ग़ीबत(बुराई) ना करे। क्या तुम्हारे अंदर कोई ऐसा है जो अपने मरे हुए भाई का गोश्त खाना पसंद करेगा? देखो तुम ख़ुद उस से घिन खाते हो। अल्लाह से डरो। अल्लाह बड़ा तौबा कुबूल करने वाला और रहमत करने वाला है।"

(अल-हूजूरात: 49:12)

जीवन को इस्लाम के तरीक़े से गुज़ारने से, ये संतुष्टि, सुकून और शुक्र गुज़ारी की भावनाओं से भर जाता है। अच्छे सम्बंध अनगिनत फ़ायदे लेकर आते है। जिस से ना सिर्फ़ परिवार की मानसिक और शारीरिक भलाई मजबूत होती है, बल्कि परिवार का मिलकर एक बना रहना संभव होता है। ये पारिवारिक संयोग उभरते हुए मुस्लिम समाज के नींव का पत्थर है, जो एक कामयाब उम्मत को बनाने में मदद करता है।

सातवाँ अध्याय:

सुकून की तलाश

इस अध्याय के ज़रिए हम ये जानने और ग़ौर करने की कोशिश करते हैं, कि अल्लाह को कैसे राज़ी (ख़ुश) किया जाए? और कैसे इस्लाम को अपने जीने का तरीक़ा बनाकर एक शुक्र गुज़ार जीवन गुज़ारा जाए?

माँ का मुक़ाम मुस्लिम उम्मत में नींव के पत्थर की हैसियत रखता है। और नस्लों के भविष्य पर असर डालता है। 'माँ' नेक और समझदार औलाद की तर्बियत की ज़िम्मेदार है, जो मुस्लिम समाज का क़ीमती सामान हैं। उसका प्यार अनमोल होता है, जिसका कोई बदला नहीं होता है।

वह अपनी औलाद को ना भूलने वाले सबक़ सिखा जाती है। और दुर्लभ और अनमोल धरोहर छोड़ जाती है।

जब संबंध में दरारें पड़ना शुरू हो जाती हैं, तो घर में सुकून ख़त्म हो जाता है। बहू के बारे में असंतोष को दूर करने के लिए क्या करना चाहिए? यहाँ कुछ ऐसी सार्थक बातों का ज़िक्र है जिन पर ग़ौर करने से इस्लामी तरीक़े से सुकून और ख़ुशी मिलने में मदद मिलेगी।

1) सब्र:

सब्र का मतलब है बर्दाश्त, सहनशीलता, दृढ़ता और अपने आप को नकारात्मक प्रतिक्रियाओं से बचाना। परीक्षणऔर कठिनाइयों के वक्त इस अमल की कद्र (क़ीमत) पहचानने से ही इंसान अल्लाह से, इसकी तौफ़ीक़ माँग सकता है। और जब वो सब्र के रास्ते पर कदम रखता है, तो उसकी बेचैनी सुकून में बदल जाती है।

"सब्र उन जमील" खूबसूरत सब्र क्या है? अल्लाह पर पूरा भरोसा और निर्भरता।

इस यक़ीन के साथ, कि उसकी दुआएँ क़ुबूल करेगा या उसे बेहतर बदला ज़रूर देगा। अल्लाह पर ईमान इंसान को हर तरह के फितने, ग़म, डिप्रेशन और मुसीबत से बचाता है। जिस भी ग़म और परेशानी का इंसान सामना करता है वो उसकी तक़दीर का हिस्सा है। अल्लाह क़ुरान में फ़रमाता है:

فَٱصْبِرْ صَبْرًا جَمِيلًا

"बस सब्र करो, खूबसूरत सब्र।"

(अल-मआरीज: 70:5)

इसका मतलब यह नहीं कि इंसान उदास नहीं हो सकता। या वो रो नहीं सकता। अल्लाह ने सूरह यूसुफ़ में "सब्रउन जमील" की ख़ूबसूरत मिसाल बयान की है।

याक़ूब (सलाम हो उन पर) अपने बेटे यूसुफ़ (सलाम हो उन पर) की जुदाई पर बहुत दूखी थे। ज़्यादा रोने की वजह से उनकी दृष्टि जाती रही। लेकिन उन्होंने "सब्रउन जमील" करके दिखाया और अल्लाह से शिकायत करने वाले या उम्मीद छोड़ने वाले ना हुए। याक़ूब (सलाम हो उन पर) ने फ़रमाया:

قَالَ إِنَّمَآ أَشْكُوا۟ بَثِّى وَحُزْنِىٓ إِلَى ٱللَّهِ وَأَعْلَمُ مِنَ ٱللَّهِ مَا لَا تَعْلَمُونَ

"मैं अपनी परेशानी और ग़म की फ़रियाद अल्लाह के सिवा किसी से नहीं करता। और अल्लाह को मैं जानता हूँ। तुम नहीं जानते।"

(यूसुफ़: 12:86)

يَـٰبَنِىَّ ٱذْهَبُوا۟ فَتَحَسَّسُوا۟ مِن يُوسُفَ وَأَخِيهِ وَلَا تَا۟يْـَٔسُوا۟ مِن رَّوْحِ ٱللَّهِ ۖ إِنَّهُۥ
لَا يَا۟يْـَٔسُ مِن رَّوْحِ ٱللَّهِ إِلَّا ٱلْقَوْمُ ٱلْكَـٰفِرُونَ

"ऐ मेरे बच्चों, जाकर यूसुफ़ और उसके भाई की तलाश करो। अल्लाह की रहमत से मायूस ना हो। उसकी रहमत से तो बस काफिर ही मायूस हुआ करते हैं।"

(यूसुफ़: 12:86)

अल्लाह क़ुरान में और आगे फ़रमाता है:

يَـٰٓأَيُّهَا ٱلَّذِينَ ءَامَنُوا۟ ٱسْتَعِينُوا۟ بِٱلصَّبْرِ وَٱلصَّلَوٰةِ ۚ إِنَّ ٱللَّهَ مَعَ ٱلصَّـٰبِرِينَ

"ऐ लोगों जो ईमान लाए हो! सब्र और नमाज़ से मदद लो। बेशक अल्लाह सब्र करने वालों के साथ है।"

(अल बक़राह: 2:153)

जब हम सब्र के अज्र और सवाब के बारे में जान जाते हैं; तो हमारे दिल हमारे बनाने वाले (ख़ालिक़ हक़ीक़ी: अल्लाह) की मोहब्बत से भर जाते हैं। मुश्किल हो या आसानी, हर हाल में हम सकारात्मक और रोशन पहलुओं को सामने रखते हुए शुक्र अदा करना सीख जाते हैं।

2) शुक्र:

अल्लाह की अता की हुई ढेरों नेमतों की कद्र करना, और उन पर शुक्र अदा करना, ख़ुशियों का ज़रिया बन जाता है। ये सकारात्मक रवैया रिश्तों में ख़ूबसूरती पैदा करता है।

अगर शुक्रगुज़ारी की दौलत नसीब हो जाए, तो ज़िंदगी सेहत, खुशियों, सुकून और रिश्तों की मोहब्बत से मालामाल हो जाती है। इंसान अपने हाल पर संतुष्ट और एकजुट रहता है। रब के अहसान की कद्र करता है।

और उसकी "क्या यहाँ और है" की चाहत, उसे रास्ते से नहीं भटका पाती है। ज़िंदगी में चेतना और शुक्रगुज़ारी साथ साथ चलते हैं।

शुक्र करना एक ऐसी ज़ाहिर होने वाली खूबी है जो इंसान में हमेशा ख़ुशी, मोहब्बत और संतोष जैसी सकारात्मक भावनाएं पैदा करती है। रब की नियामतों की कद्र करने से पूरे परिवार की भलाई और कल्याण पर गहरा असर पड़ता है।

शुक्र की भावनायें इंसान के दिल को बड़ा करती हैं। जिसके नतीजे में इंसान दूसरों से बेहतर मामला कर पाता है।

وَإِذْ تَأَذَّنَ رَبُّكُمْ لَئِن شَكَرْتُمْ لَأَزِيدَنَّكُمْ ۖ وَلَئِن كَفَرْتُمْ إِنَّ عَذَابِى لَشَدِيدٌ

"और याद रखो तुम्हारे रब्ब ने ख़बरदार किया था; कि अगर शुक्र गुज़ार बनोगे, तो मैं तुम्हें और ज़्यादा दूँगा। और अगर ना शुक्री की तुमने, तो मेरी सज़ा बहुत सख़्त है।"

(इब्राहिम: 14:7)

असल में शुक्र गुज़ारी ही है। जो रिश्तों में आनंद और ख़ूबसूरती पैदा करती है।

3) इस्तिग़फ़ार (माफ़ी) की ताक़त:

अल्लाह से माफ़ी माँगते रहना। इस्तिग़फ़ार का फल और फ़ज़ीलत (गुणों) पर गौर करना ज़रूरी है। अल्लाह से माफ़ी माँगना वो रास्ता है जो ख़ुशी और सुकून की तरफ़ ले जाता है। जब कोई अल्लाह से माफ़ी माँगता है तो:

- ✶ "दुआएं कुबूल होती है"
- ✶ रिज़्क़ के दरवाज़े खुल जाते हैं।
- ✶ रहमत के दरवाज़े खुल जाते हैं।
- ✶ दुख और बेचैनी से छुटकारा मिलता है।

एक आदमी हसन बसरी (अल्लाह उन पर रहम करे) के पास आया और उनसे सूखा पड़ने की शिकायत की तो उन्होंने उसे अल्लाह से इस्तिग़फ़ार करने की ताकीद की। किसी और आदमी ने ग़रीबी की शिकायत की तो उन्होंने उसे अल्लाह से इस्तिग़फ़ार करने को कहा। एक और आदमी ने आकर कहा, कि मेरे लिए दुआ करें कि अल्लाह मुझे औलाद दे दे तो उन्होंने उसे अल्लाह से माफ़ी माँगने को कहा। इस तरह एक और आदमी ने जब अपने बाग़ में फलों की कमी का ज़िक्र किया तो उन्होंने उसे इस्तिग़फ़ार करने की नसीहत की। जब हसन बसरी (अल्लाह उन पर रहम करे) से इस बारे में पूछा गया तो उन्होंने फ़रमाया "यह मेरी ज़ाती राए नहीं है। अल्लाह ने क़ुरान में ख़ुद इस बात पर ज़ोर दिया है।

فَقُلْتُ ٱسْتَغْفِرُوا۟ رَبَّكُمْ إِنَّهُۥ كَانَ غَفَّارًا

يُرْسِلِ ٱلسَّمَآءَ عَلَيْكُم مِّدْرَارًا

"मैंने कहा अपने रब्ब से माफ़ी माँगो। बेशक वो बड़ा माफ़ करने वाला है। वो तुम पर आसमान से खूब बारिश बरसाएगा।"

(नूह: 71:11)

وَيُمْدِدْكُم بِأَمْوَٰلٍ وَبَنِينَ وَيَجْعَل لَّكُمْ جَنَّـٰتٍ وَيَجْعَل لَّكُمْ أَنْهَـٰرًا

"तुम्हें माल और औलाद देगा। तुम्हारे लिए बाग़ पैदा करेगा और तुम्हारे लिए नहरें जारी कर देगा।"

(नूह: 71:12)

इस्तिग़फ़ार की ज़्यादती दिलों को पाक करती है। अल्लाह से रिश्ता मज़बूत बनाती है और शान्ति और संतुष्टि मिलने का कारण बनती है।

अल्लाह के रसूल ﷺ ने फ़रमाया:

"जो कोई लगातार अल्लाह से इस्तिग़फ़ार करे तो अल्लाह उसके लिए हर परेशानी से निकलने का रास्ता खोल देता है। उसकी बेचैनी सुकून में बदल देता है और उसे ऐसी जगह से रिज़क़ देता है जहां से उसने सोचा भी ना हो।"

(मुसनद अहमद: 2234)

4) दुआ की अहमियत:

दुआ इबादत की असल है।

हमारे नबी ﷺ ने फ़रमाया:

"दुआ बेहतरीन इबादत है।"

(सही जामिय)

दुआ हमारे ईमान का ख़ास हिस्सा है। और मुमिन का हथियार है। किसी भी परेशानी या बेचैनी के वक्त जब माँ अपने दिल का हाल अपने रब के सामने रख देती है, वो रब जिसने पैदा किया, जो सब जानने वाला है, और विशाल भी तो उसके दिल को करार आ जाता है।

दुआ ग़ैर मामूली असर रखती है। यह एक ऐसी पुकार है, जो इंसान को दुनिया के असबाब (कारणों) से आज़ाद कर देती है। और उसे सशक्त बनाती है और उसकी काया पलट देती है। अल्लाह के सामने हाथ उठाना, उससे माफ़ी माँगना और मदद माँगना हमारी रूह को सुकून से भर देता है।

हमारे प्यारे नबी ﷺ ने फ़रमाया:

"बंदा अपने रब्ब से उस वक्त सबसे क़रीब होता है, जब वो सजदे की हालत में होता है। तो सजदे में ज़्यादा दुआ किया करो।"

(सही मुस्लिम)

सच्चे दिल से की गयी दुआएं, एक माँ को अपने डर, डिप्रेशन और नाशुक्री जैसी भावनाओं से निबटने में मदद देंगी, और उसके रिश्तों में बेहतरी लाएगी।

5) तक़दीर पर राज़ी (संतुष्ट) रहना:

दिलों को क़ुरान से आबाद करने से ही असली ख़ुशी और सुकून मिलता है। इसका मतलब सिर्फ़ तिलावत ही नहीं बल्कि उसकी सही समझ हासिल करना, उसे अपने अंदर जज़्ब करना और गहराइयों में उतारना है।

"इब्न तैमीया (अल्लाह उनपर रहम करे) सुकून और इत्मिनान के बारे में फ़रमाते हैं "दिल का सुकून अल्लाह तक पहुँचने के रास्ते का दरवाज़ा है। ये इबादत-गुज़ार के लिए सकीनत और दुनिया में जन्नत है। जो उसमें अंदर नहीं जाता, वो हमेशा की जन्नत में भी अंदर नहीं जा पाएगा।"

माँओं के लिये ज़रूरी है कि वो दीन का इल्म हासिल करें। ये हमेशा की ख़ुशी हासिल करने का ज़रिया है। इस से जीवन में अनगिनत फल और बरकतें आएंगी। जिस से ना सिर्फ़ रिश्तों में बेहतरी आएगी बल्कि दुनिया और आख़िरत में उसके दरजे ऊँचे होंगे। वो मज़बूत नींव पर मुस्लिम उम्मत की तर्बियत कर पाएगी।

6) दिल की इबादत:

क़ुरान खुशी, धार्मिकता और दिली सुकून की कुंजी है। हर इंसान ख़ुशी चाहता है मगर ये नहीं जानता कि ख़ुशी का राज़ किसमें छुपा है? ख़ुशी पाने का बड़ा ज़रिया अल्लाह की वाहदानियत (एक है) पर ईमान है।

क़ुरान हिदायत और सुकून की कुंजी है। इसलिए कि दिल तो अल्लाह की याद से ही इत्मिनान पाते हैं।

ٱلَّذِينَ ءَامَنُوا۟ وَتَطْمَئِنُّ قُلُوبُهُم بِذِكْرِ ٱللَّهِ ۗ أَلَا بِذِكْرِ ٱللَّهِ تَطْمَئِنُّ ٱلْقُلُوبُ

"वो लोग जो ईमान लाते हैं, और उनके दिल अल्लाह की याद से इत्मिनान पाते हैं। ख़बरदार! अल्लाह की याद ही वो चीज़ है, जिससे दिलों को इत्मिनान नसीब हुआ करता है।"

(अर-राद: 13:28)

अल्लाह हमें क़ुरान में दुनिया की असलियत बताते हैं।

ٱلْمَالُ وَٱلْبَنُونَ زِينَةُ ٱلْحَيَوٰةِ ٱلدُّنْيَا ۖ وَٱلْبَٰقِيَٰتُ ٱلصَّٰلِحَٰتُ خَيْرٌ عِندَ رَبِّكَ ثَوَابًا وَخَيْرٌ أَمَلًا

"ये माल और औलाद सिर्फ़ दुनिया की ज़िंदगी की ख़ूबसूरती है। असल में तो बाक़ी रह जाने वाली नेकियाँ ही तेरे रब के पास नतीजे के हिसाब से बेहतर हैं और उन्ही से अच्छी उम्मीदें बांधी जा सकती हैं।"

(अल-कहफ: 18:46)

हम अल्लाह की मदद और तौफ़ीक़ से मुश्किलों के बावजूद ख़ुशी और सुकून हासिल करने की हर मुमकिन कोशिश कर सकते हैं। ये समझना ज़रूरी है कि शुक्र गुज़ारी और संतोष का मतलब हरगिज़ ये नहीं कि इंसान दुखों, परेशानियों और नकारात्मक भावनाओं से पूरी तरह छुटकारा पा लेगा, मगर अल्लाह की रज़ा में राज़ी (संतोष) रहते हुए अच्छा और सार्थक जीवन गुज़ारने से ही दल का सुकून मिलता है।

अल्लाह के नबी ﷺ ने फ़रमाया:

"ग़िना माल दौलत आसानियाँ की ज़्यादती नहीं, बल्कि असल ग़िना दिल की बे नियाज़ी है।"

(सही बुखारी: 64:46)

कुरान की आयतों पर ग़ौर करने से इंसान सुकून, शुक्रगुज़ार और तक़्वा की भावनाओं को पहचानने लगता है। उसकी सोच निखर जाती है, भाव साफ़ सुथरे हो जाते हैं। और रिश्ते खूबसूरत हो जाते हैं।

माँओं को ये समझ लेना चाहिए की औलाद उसके पास अल्लाह की अमानत है, और उनके ज़रिए से उसे रब्ब की रज़ा (ख़ुशी) पाने की कोशिश करनी चाहिए। वो जितना सब्र और बर्दाश्त दिखाएगी, अल्लाह से उसका अजर (बदला) पाएगी।

مَنْ عَمِلَ صَـٰلِحًا مِّن ذَكَرٍ أَوْ أُنثَىٰ وَهُوَ مُؤْمِنٌ فَلَنُحْيِيَنَّهُۥ حَيَوٰةً طَيِّبَةً ۖ وَلَنَجْزِيَنَّهُمْ أَجْرَهُم بِأَحْسَنِ مَا كَانُوا۟ يَعْمَلُونَ

"जो इंसान भी नेक काम करेगा चाहे; वो मर्द हो या औरत, बशर्त कि वो मुमिन हो, उसे हम दुनिया में पाक साफ़ जीवन बसर कराएँगे और (आख़िरत में) ऐसे लोगों को उनका अज्र (सवाब) उनके बेहतरीन कामों कि हिसाब से देंगे।"

(अन-नहल: 16:97)

आठवाँ अध्याय:

नेकियों में आगे बढ़ना

سَابِقُوٓا۟ إِلَىٰ مَغْفِرَةٍۢ مِّن رَّبِّكُمْ وَجَنَّةٍ عَرْضُهَا كَعَرْضِ ٱلسَّمَآءِ وَٱلْأَرْضِ أُعِدَّتْ لِلَّذِينَ ءَامَنُوا۟ بِٱللَّهِ وَرُسُلِهِۦ ۚ

"दौड़ो और एक दूसरे से आगे बढ़ने की कोशिश करो, अपने अल्लाह की मग़फ़िरत और उस जन्नत की तरफ़ जिसकी लम्बाई आसमान और ज़मीन जितनी है। जो बनाई गयी है, उन लोगों के लियें जो अल्लाह और उसके रसूलों पर ईमान लाए हों।"

(अल-हदीद: 57:21)

कुछ परिवारों में सास बहू सहेलियों की तरह हंसी ख़ुशी रहती हैं। कुछ और घरों में, आए दिन तू तू, मैं मैं का माहौल बना रहता है। कहीं तारीफ़ों के पुल बांधे जाते हैं, और कहीं दोनों एक दूसरे की शक्ल तक देखना नहीं चाहतीं।

मुक़ाबला करने की बड़ी वजह आपस का विरोधी होना है। सास और बहू के बीच झगड़ा, 'अपनी हैसियत जताने' के संघर्ष से शुरू होता है। अगर सास कभी बेटे को पल्लू से बांधने पर अड़ जाती है तो बहू के कानों में खतरे की घंटी बजने लगती है। आर्थिक संसाधनों में प्रतिस्पर्धा भी दिल की तंगी का कारण बनती है। ऐसे माहौल में हर कोई मानसिक तनाव का शिकार होता है। यह जानना ज़रूरी है कि इस स्थिति से कैसे निकला जाए। सास खुद को भावनात्मक रूप से मजबूत रखते हुए, अपनी सोच को सुधारे, हिकमत और दूरदर्शिता से काम ले।

1) रिश्ते की सफलता के लिये मामलों की समझ और हालात का अंदाज़ा होना बहुत ज़रूरी है।
2) जीवन में हर रिश्ते के अपने दस्तूर और नियम होते है। हमें अपनी सीमाओं का पालन करने के साथ साथ अपने हक़ की हिफ़ाज़त का भी ख़याल रखना चाहिए।

3) अनावश्यक टक्कर से बचने के लिये व्यापक नज़रिये से काम लेना ज़रूरी है और ऐसा शुक्रगुज़ारी की आदत अपनाने से ही मुमकिन है। अल्लाह की जिन नियामतों से हम रोज़ाना फ़ायदा उठाते हैं, उन्हें एक कॉपी में नोट किया जाना चाहिए। ऐसा करने से हम इन नियामतों की कद्र करना सीख जाएँगे। शुक्रगुज़ारी हमारे दिमाग को तेज करती है। हमें अपने जीवन और रिश्तों को नयी और सकारात्मक नज़र से देखने में सक्षम बनाती है। जीवन का हर पल हमें शुक्र करने का मौका देता है और इस तरह की सोच हमें प्रतिस्पर्धी विचारों से छुटकारा पाने में मदद करती है।

4) हर इंसान का सफ़र और नसीब एक दूसरे से अलग होते हैं। जीवन के अनुभव हर इंसान को अलग-अलग सबक सिखाते हैं। इसलिए दूसरों से अपनी तुलना करना बेकार है। ऐसा करने से इंसान सीधे रास्ते से भटक जाता है। अपने आप को आध्यात्मिक, शारीरिक और भावनात्मक रूप से मजबूत करने के लिए आदमी बहुत कुछ कर सकता है। इसलिए हमारे विचार और ऊर्जा इन्हीं प्रयासों में केंद्रित होने चाहिए। ताकि दुनिया के इस सफर का पूरा फायदा उठाया जा सके।

5) ऐसा नहीं होना चाहिए कि मुकाबला ओर तुलना करना इंसान को हसद (ईर्ष्या) और रिश्ते काटने जैसी नकारात्मक भावनाओं की तरफ़ ले जाए। इस्लाम में हसद और रिश्ते काटना मना है।

अल्लाह के रसूल ﷺ ने फ़रमाया:

"आपस में घृणा ना रखो, हसद ना करो अल्लाह के बन्दों! आपस में भाई भाई बनकर रहो और किसी मुसलमान के लिए जायज़ नहीं कि वो अपने भाई से तीन दिन से ज़्यादा बात करना छोड़ दे।"

(सही बुख़ारी: 6065)

6) एक दूसरे के बारे में अच्छी सोच से काम लेना चाहिए। अपने प्यारों के साथ बहस और तकरार से एक दूसरे के लिए नकारात्मक सोच जन्म लेती है। दूसरे की गलती की सूरत में उसे मार्जिन दिया जाना चाहिए और अगर कोई बात पसंद ना आए, तो उसकी कही हुई बात का बेहतर मतलब लिया जाए जो उसके किरदार के हिसाब से ही हो।

क़ुरान की इस आयत पर ग़ौर करें:

يَٰٓأَيُّهَا ٱلَّذِينَ ءَامَنُوا۟ ٱجْتَنِبُوا۟ كَثِيرًا مِّنَ ٱلظَّنِّ إِنَّ بَعْضَ ٱلظَّنِّ إِثْمٌ ۖ وَلَا تَجَسَّسُوا۟ وَلَا يَغْتَب بَّعْضُكُم بَعْضًا ۚ أَيُحِبُّ أَحَدُكُمْ أَن يَأْكُلَ لَحْمَ أَخِيهِ مَيْتًا فَكَرِهْتُمُوهُ ۚ وَٱتَّقُوا۟ ٱللَّهَ ۚ إِنَّ ٱللَّهَ تَوَّابٌ رَّحِيمٌ

"ऐ लोगों जो ईमान लाए हो, बहुत गुमान (अनुमान) करने से बचो कि कुछ गुमान गुनाह होते हैं। टोह ना लगाओ और तुम में से कोई किसी की ग़ीबत (बुराई) ना करे। क्या तुम में से कोई ऐसा है, जो अपने मुर्दा भाई का गोश्त खाना पसंद करेगा? देख के तुम खुद उससे घिन खाते हो। अल्लाह से डरो, अल्लाह बड़ा तौबा क़ुबूल करने वाला और रहीम है।"

(अल- हुजूरात: 49:12)

7) एक दूसरे की ग़लतियों और कोताहियों को माफ़ करें और उनको छुपाएं।

"जो कोई अपने भाई की गलती पर पर्दा डालेगा, अल्लाह क़यामत के दिन उसके गुनाहों को पर्दे में कर देगा और जो किसी मुसलमान भाई के ऐब (बुराई) ज़ाहिर करेगा, अल्लाह उसके ऐबों को खोल देगा। भले ही उसने वो अपने घर की चार दिवारी में किए होंगे।"

(इब्न माजा: 2546)

हमारा ईमान नियत और दिल से सच्चे आमाल पर निर्भर करता है। खूबसूरत किरदार और नरमी असल में ईमान को पूरा करने का हिस्सा हैं, इसके बिना ईमान मुकम्मल नहीं।

नौवाँ अध्याय:

नई कोपल का फूटना।

مَنْ عَمِلَ صَالِحًا فَلِنَفْسِهِۦ ۖ وَمَنْ أَسَآءَ فَعَلَيْهَا ۖ ثُمَّ إِلَىٰ رَبِّكُمْ تُرْجَعُونَ

“जो कोई नेक अमल करेगा, अपने लिए ही करेगा और जो बुराई करेगा, वो आप ही उसका नुक़सान भुगतेगा। फिर जाना तो सबको अपने रब की ही तरफ़ है।”

(अल- जासिया: 45:12)

ज़िंदगी में हर इंसान ख़ुशियां चाहता है। डिप्रेशन और परेशानियों से दूर भागता है। मगर क्या हमने कभी जाना कि खूबसूरत ज़िंदगी और आराम की चाबी तो हमारे अपने ही पास है?

अपनी पारिवारिक जीवन में रिश्तों को निभाने की क्षमता से खुशी पाई जा सकती है।

तनाव और चिंता जीवन का हिस्सा हैं। असल में थोड़ा बहुत स्ट्रेस हमारे लिए फ़ायदेमंद है, क्योंकि यह हमारी तरक़्क़ी और परिवर्तन का कारण बनता है। लेकिन अगर एक लम्बे वक्त तक इंसान तनाव का शिकार रहे, तो उसके स्वस्थ पर असर होने लगता है, और यह ख़तरे की निशानी है।

जब औरत सास बनती है, तो आम तौर पर उसकी उमर का यह हिस्सा जवानी और बुढ़ापे के बीच का होता है। यह वक्त उसकी ज़िंदगी में बहुत सारे बदलाव ले कर आता है। औरतें इस दौरान बहुत से सामाजिक, मनोवैज्ञानिक और शारीरिक चुनौतियों का सामना करती हैं, जिन में माहवारी का रुकना भी शामिल है।

तरह तरह की कितनी ही परेशानियाँ उन्हें घेरे रखती हैं, जैसे स्वस्थ की फ़िक्र घरेलु मसले, काम का दबाव, किसी प्यारे की मौत, नाकामियों का दुःख और माली परेशानियाँ आदि।

ये बात हमें तनाव और चिंता की स्थिति को पहचानने और समझने में मदद करेगी। और हमें राह दिखाएगा कि उन पर कैसे क़ाबू पाया जाए।

अल्लाह ने हमें जीवन बिताने के कुछ तरीक़े सिखाए हैं जिन पर चल कर हम आज़ाद और ख़ुद फ़ैसला करने वाले बन सकते हैं। दुनिया और आख़िरत में वो सुकून पा सकते हैं जिस की हमें तलाश है।

सास बहू का रिश्ता एक नाज़ुक रिश्ता है। दोनो के लिए ज़रूरी है कि वो ना सिर्फ़ आपसी मोहब्बत, इज़्ज़त और खुले दिल से एक हमेशगी का रिश्ता बनाने की कोशिश करें बल्कि अपने रिश्ते में ख़ूबसूरती और मिठास भी पैदा करें।

आपस में असहमति होने के कारण परिवार बिखर जाते हैं। एक स्थिर परिवार, जो हर तरह के मुश्किल हालात का मुक़ाबला कर सकता है। आपसी मुहब्बत, सुरक्षा, प्रभावी बातचीत, नियम और अनुशासन से बन पाता है।

माँ को यह समझना चाहिए कि उसकी सच्ची कोशिशें और अपेक्षा के बिना कुरबानियाँ कभी बेकार नहीं जाती, बल्कि रिश्तों की मज़बूती का कारण बनती हैं। उन से घर में गर्मजोशी और आपसी सहानुभूति का माहौल बनता है। ये सच्ची कोशिशें घर के लोगों में आत्म-विश्वास और आत्म-सम्मान जैसे महान गुणों का निर्माण करता है। जो परिवार की भलाई और बेहतर कामों के लिए ज़रूरी हैं।

घर वालों को आत्मविश्वास और आत्मनिर्भर बनने के लिये ख़ुद माँ में इन गुणों का होना जरूरी है। सास-बहू के सफल सुखी संबंधों क़े लिये नीचे कुछ तरीक़े दिए जा रहे हैं:

1) हर परिस्थिति में आशावादी रहें। अच्छी आशाएँ हमारे जीवन को सूख और प्रेम से भर देती हैं।

2) अपने मानसिक, भावनात्मक, आध्यात्मिक और शारीरिक स्वास्थ्य के लिए कड़ी मेहनत करें।

3) मामलों को बड़े दृष्टिकोण से देखें। इस से सास-बहू के सम्बन्धों में सुकून बना रहेगा।

4) अपना ख़याल रखें। अपनी कमज़ोरियों और छुपी हुई प्रतिभा को पहचाने। इस तरीक़े से सास अपने जीवन को एक नए अंदाज़ से देखने के लायक़ होगी। और हर हाल में सकारात्मकता दिखा पाएगी।

5) बनावटी जीवन ना गुज़ारे। अपने अंदर झांकने और सच्चाई से ये जानने की कोशिश करे कि वो कौन है। ताकि वह एक भरपूर, सुख भरा और कारगर पारिवारिक जीवन गुज़ार सके।
6) अपने लक्ष्यों को यथार्थवादी रखें। इस से ना सिर्फ़ उनको पूरा करना मुमकिन हो पाएगा बल्कि ये बात उसके लिए ख़ुशी और इत्मिनान की वजह बनेगी।
7) ऐसे लोगों में बैठने से बचें जहां बेकार बातें और बहस होती हो।
8) अपनी शारीरिक सेहत का ध्यान रखें।
9) अपने आप को भावनात्मक तौर पर मज़बूत रखने के लिए चेतना के साथ कोशिश करें।
10) अपने जीवन के लक्ष्य जो कि अल्लाह की रज़ा पाना है, उस लक्ष्य को हमेशा अपनी नज़र के सामने रखे यह आध्यात्मिक शक्ति मिलने का ज़रिया बनेगा।

    इन सुनहरे नियमों पर चलने से सास अपनी छिपी हुई क्षमताओं को पहचान सकती है।

    जिस से उसे जीवन में अहसान, दृढ़ निश्चय और आत्मनिर्भरता मिलने में मदद मिलेगी। और वह बेहतर तरीक़े से घर वालों और बहू के साथ रिश्तों को निभा पाएगी।

आइये देखते हैं, कि सास अपने आपको चुस्त और स्वस्थ कैसे रख सकती है:

1) शारीरिक स्वास्थ्य का हमारी मानसिकता पर गहरा प्रभाव पड़ता है। जो हमारे स्वस्थ जीवन और रिश्तों के लिए आवश्यक है।
2) शारीरिक स्वास्थ्य के कई पहलू हैं। एक ऐसे इंसान से जिसका स्वास्थ्य ठीक ना हो अपने पारिवारिक जीवन में बेहतर प्रदर्शन की उम्मीद करना अनुचित है। माँ की जीवनशैली और रोज़ाना का व्यायाम उसकी क्षमताओं और व्यवहार पर असर डालता है। उसे किसी ऐसी गतिविधि जैसे वॉकिंग, जॉगिंग या स्विमिंग आदि का चुनाव करना चाहिए जो उसके लिये दिलचस्प भी हो और उसे चुस्त और व्यस्त रखे।
3) अपने जीवनशैली में कुछ सकारात्मक बदलाव लाये जाने चाहिएं। जैसे सही खाना, समय पर नाश्ता करना आदि। ये आदत अपनाने से माँ का स्वास्थ्य बेहतर हो सकता है। कितनी ही व्यस्त क्यों न हों, नाश्ता नहीं छोड़ना चाहिए। यह एक खुशी भरे दिन की शुरुआत करने और अपने परिवार के साथ अच्छे संबंध बनाए रखने की ऊर्जा देता है।

4) बीमारियों से बचाव के लिए स्वच्छता के सिद्धांतों का ध्यान रखना चाहिए।

5) सही और संतुलित खान-पान अच्छे स्वास्थ्य का आधार है। स्वस्थ भोजन न केवल इंसान को स्वस्थ और मजबूत रखता है, बल्कि यह उम्र बढ़ने की प्रक्रिया को भी धीमा कर देता है।

6) मां को हर समय कामों में जुटा नहीं रहना चाहिए। और खुद को ज्यादा थकाना नहीं चाहिए। दिन में कुछ देर आराम करने से वह खुश और शांत रहेगी, ताकि वह अपने परिवार को अपनी ऊर्जा, समर्थन और प्यार दे सके।

7) अच्छे ख़ुशगवार व्यवहार और सेहत के लिए रात को अच्छी नींद लेना बहुत ज़रूरी है ताकि शारीरिक क्षमता में संतुलन सुनिश्चित किया जा सके।

8) माँ को स्ट्रेस, तकलीफ़ या किसी भी बीमारी के लक्षण को नज़र अंदाज़ नहीं करना चाहिए। किसी भी मसले की सूरत में फ़ौरन डाक्टरी मदद लेनी चाहिए और इलाज शुरू करना चाहिए।

एक संतुलित जीवन शैली अपनाने और शारीरिक स्वास्थ्य का ख़याल रखने से सास दृढ़ संकल्प और अच्छे ख़ुशगवार व्यवहार के साथ अपने घर में अहसान के तरीक़े पर चल सकती है।

इस्लाम अच्छे मानसिक और भावनात्मक स्वास्थ्य के महत्व पर ज़ोर देता है। यह चंद तरीक़े जिनकी मदद से सास अपने आपको भावनात्मक तौर पर मज़बूत कर सकती है:

1) क़ुरान:

क़ुरान सबसे अच्छा मार्गदर्शक है जो इंसानों को सार्थक जीवन जीने के लिए प्रोत्साहित करता है। ख़ास तौर से ऐसे इंसान के लियें जो मानसिक पीड़ा या तकलीफ़ से गुजर रहा हो।

2) मानसिक ध्यान करना:

यह किसी भी स्थिति को संभालने के लिए उसके दिमाग को अनुशासित करने में मदद कर सकता है। और उसे अल्लाह के साथ अपने संबंध बनाने पर ध्यान केंद्रित करने में मदद करता है।

3) आत्म अनुशासन का अभ्यास करके, एक माँ अपनी रोज़ाना की दिनचर्या और इबादत में सुधार कर सकती है।

4) अपने स्वयं के और दूसरों के लाभ के लिए, अपने वैचारिक ढांचे और तर्कहीन विचार पैटर्न को बदलने की क्षमता प्राप्त करना ज़रूरी है। यह सचेत रूप से

इस तरह किया जा सकता है, कि वह अलग-अलग मामलों में कैसे सोचती है और महसूस करती है जो उसे अचानक भड़कने और मिजाज को नियंत्रित करने में मदद करेगी।

5) लोगों को उनकी जानबूझकर या अनजाने में हुई गलतियों के लिए माफ़ करके इंसान अपने दिल से नफ़रत की चिंगरियों को बुझा सकता है। उस से भावनात्मक स्वास्थ्य पर सकारात्मक प्रभाव पड़ता है।

6) क़ुरान सीखना और उस पर अमल करना फ़ायदेमंद मानसिक नतीजे निकालता है। जैसे तनाव में कमी, आत्मविश्वास में बढ़ावा और चिंता और डिप्रेशन पर क़ाबू।

7) मानसिक तौर पर बेहतर महसूस करने का शारीरिक स्वास्थ्य पर भी अच्छा प्रभाव पड़ता है। हर सास को चाहिए कि क़ुरान सीखे, उसे अपने जीवन में लागू करे और एक सुखद और सुकून वाला पारिवारिक जीवन गुज़ारे। इससे उसके रिश्तों में सुधार आएगा।

अल्लाह ने हर इंसान को स्वस्थ स्वभाव (फ़ितरत सलीम) पर बनाया है। जब हम बालिग़ और समझदार होते हैं, हमारे फ़ैसले या तो हमारी महान प्रतिभा की अभिव्यक्ति हैं, या हमें निचले से निचले की तरफ़ ले जाते है। इसलिए ज़रूरी है कि सास अपनी इंसानी प्रतिभाओं को निखारे। नीचे लिखी इन बातों का पालन करके हम अपने रब के साथ अपने रिश्ते को मज़बूत कर सकते हैं।

1) अपने आप की और कमजोरियों की पहचान। ये ज़रूरी है कि हम अल्लाह की तरफ़ लौटें, इस्तिग़फ़ार और क़ुरान और सुन्नत के इल्म के हिसाब से एक पाकीज़ा ज़िंदगी गुज़ारते हुए अपनी ग़लतियों को सुधारते रहें।

2) रब्ब की पहचान, उसके नाम और सिफ़ात के इल्म और तक़्वा के साथ ज़िंदगी बसर करने से सास अपने ईमान को मज़बूत और अटल पाएगी जिसका उसके रिश्तों पर गहरा असर पड़ेगा।

3) जीवन जीने के मक़सद पर गौर करना, सोचना समझना इंसान के दिल, अक़्ल और रूह को जगाता है, दूर अंदेशी देता है, और जीवन में भलाई के दरवाज़े खोलता है।

4) अल्लाह के रसूल ﷺ की सीरत (जीवनी) पढ़ने, जानने और उनके सिखाए हुए इल्म पर अमल इंसान के ईमान को पूरा करने का ज़रिया है। इस से माँ दूसरों के लिए ख़ैर बाटने वाली और बेहतर इंसान बन जाती है।

5) क़ुरान के इल्म को सीखना। इस से माँ अपने रब्ब से गहरा रिश्ता बना पाएगी और हिकमत और समझदारी से अपने परिवार के लिए प्रेरणास्रोत बन सकेगी।

इस विषय को समेटते हुए आएँ अल्लाह के रसूल ﷺ की कुछ और नसीहतों पर गौर और फ़िक्र करते हैं ताकि हम अपने रिश्ते को मिसाली और बेहतर बना सकें:

1) 'अल्लाह के ख़ातिर एक दूसरे से मोहब्बत और भाईचारे का सबसे ऊँचा स्तर है; कि इंसान- इंसान से किसी दुनिया के फ़ायदे की ख़ातिर रिश्ता ना रखे, ना अपनी हैसियत बढ़ाने के लिए, ना किसी वक्ती या लम्बे फ़ायदे के लिये; बल्कि मोहब्बत की जाए तो सिर्फ़ अल्लाह और सिर्फ़ अल्लाह की ख़ातिर। जब ऐसा हो तो इंसान दूसरों के साथ सब्र और माफ़ी का मामला करता है और नरमी से पेश आता है ताकि अल्लाह की ख़ुशी प्राप्त कर सके। यही मोहब्बत बिना शक बेहतरीन मोहब्बत है।

अल्लाह क़यामत के दिन पूछेगा:

"कहाँ हैं वो लोग जो मेरी ख़ातिर एक दूसरे से मोहब्बत करते हैं?
आज जब कोई साया नहीं, मैं उन्हें अपने आसमान के साये तले जगह दूँगा।"

(सही मुस्लिम)

2) मुस्कुराना सुन्नत है और मुस्कुराहट अपने अंदर एक गहरा असर रखती है। यह इंसानी फ़ितरत है कि वह ऐसे लोगों को पसंद करता है, जो दोस्ताना रवैया रखते हैं। दूसरों से मुस्कुरा कर मिलना, उदासी, चिंता और तनाव को दूर करता है। सच्ची मुस्कुराहट किसी भी रिश्ते की ख़ूबसूरती को खूब बढ़ा देती है।

अल्लाह के रसूल ﷺ ने फ़रमाया:

"हर भलाई सदक़ा है और भलाई ये भी है, कि तुम अपने भाई से
अच्छे व्यवहार से मिलो और अपने डोल से उसके डोल में पानी डाल दो।"

(अत-तिर्मिधि: 1970)

अबदुल्ला अल हारिस رضي الله عنه फ़रमाते हैं:

"मैंने किसी को अल्लाह के रसूल ﷺ से बढ़कर मुस्कुराते नहीं देखा।"

(अत-तिर्मिधि: 3641)

3) नरमी, प्यार और करुणा ऐसे गुण हैं, जो रिश्तों और भाईचारे को मजबूत करते हैं। इसलिए कि अल्लाह उनसे मुहब्बत करता है, जो एक दूसरे के साथ दीनी और दुनियावी मामलात में रहम करने वाले और रहम दिल होते हैं।

अल्लाह के रसूल ﷺ ने फ़रमाया:

"क्या मैं तुम्हें ऐसे लोगों के बारे में ना बताऊ जो जहन्नुम की आग़ पर या जहन्नुम की आग़ उन पर हराम है? जहन्नुम की आग़ लोगों के क़रीब रहने वाले, आसानी करने वाले और नरम अख़लाक़ वाले पर हराम है।"

(अत-तिर्मिधि: 2488)

4) असल दीन, नम्रता और समर्पण के बिना नहीं मिल सकता।

अल्लाह के रसूल ﷺ ने फ़रमाया:

"बेशक अल्लाह ने मुझ पर वही की है कि तुम एक दूसरे से नरमी से पेश आओ। ताकि कोई एक दूसरे के साथ ज़ुल्म ना करे और ना गर्व जताए।"

(सही मुस्लिम: 2865)

5) बेहतरीन अख़लाक़ एक ऐसी खूबी है, जिसे पाने के लिये लगातार कोशिश की जानी चाहिए।

आएशा ؓ फ़रमाती हैं कि अल्लाह के:

"रसूल ﷺ ने फ़रमाया "सबसे ज़्यादा पूरे ईमान वाला मुमिन वो हैं, जो सब से ज़्यादा अच्छे अख़लाक़ वाला हो और जो अपने घर वालों पर सबसे ज़्यादा मेहरबान हो।"

(अत-तिर्मिधि: 2612)

अल्लाह के रसूल ﷺ ने फ़रमाया:

"मैं उस इंसान के लिये जन्नत के अंदर एक घर का ज़मानतदार हूँ, जो लड़ाई झगड़े को छोड़ दे, भले ही वो हक़ पर हो और उस इंसान के लिये जन्नत के बीचों बीच एक घर का, जो झूठ बोलना छोड़ दे, भले ही वो हंसी मज़ाक़ में ही हो। और उस इंसान के लिये जन्नत में ऊँचाई पर एक घर का जो अच्छे अख़लाक़ वाला हो।"

(सुनन अबु दावुद: 4800)

6) भाईचारा किसी भी इस्लामी समाज और परिवार का एक ज़रूरी (अभिन्न) अंग है।

अल्लाह के रसूल ﷺ ने फ़रमाया:

"एक मुमिन दूसरे मुमिन के लियें इमारत की तरह है, कि उसका एक हिस्सा दूसरे को ताक़त पहुँचाता है।

और आप ﷺ ने एक हाथ की उँगलियों को दुसरे हाथ की उँगलियों के अंदर डाला।"

(सही बुख़ारी: 481)

7) अल्लाह उनसे मोहब्बत करता है जो इंसाफ़ करते हैं।

अब्दुल्लाह बिन उमर رضی اللہ عنہ से रिवायत है कि अल्लाह के रसूल ﷺ ने फ़रमाया:

"बेशक इंसाफ़ करने वाले अल्लाह के यहाँ, उसके सीधे तरफ़ नूर के मींबरो पर होंगे और अल्लाह के दोनो हाथ सीधे हैं। ये वही लोग होंगे जो अपने फ़ैसलों, परिवार और जिन के ये ज़िम्मेदार हैं, उनके मामले में इंसाफ़ करते हैं।"

(सही मुस्लिम: 1827)

इन नसीहतों पर गौर और समझ का एक नुमायाँ पहलू यह है, कि ये इंसान को ख़ैर पर उभारती हैं, बुराई से रोकती हैं और अपने आपको व्यवस्थित रहने के लिए प्रेरित करती हैं। हिकमत के ये मोती जब माँ के दिल को दूर अंदेशी से रोशन करते हैं, और मानसिक स्थिरता देते हैं। तो उस से ना सिर्फ़ अल्लाह के साथ उसका रिश्ता मज़बूत हो, बल्कि अपने दीन से बहुत ज़्यादा मोहब्बत भी पैदा होगी। जिसे अल्लाह ने पूरी इंसानियत के लिये चुना है। जिसके नतीजे में उसके दिल में इंसानी हमदर्दी और ख़ास तौर पर परिवार की मुहब्बत पैदा होगी।

इन क़ीमती विचारों की समझ बूझ से एक मां मज़बूत नींव बना सकती है। जिस पर उसका परिवार समृद्धी, अहसान और सफलता के साथ फले फूले।

दसवाँ अध्याय:

जहां दो समन्दर मिलते हैं।

जो लोग अल्लाह की मखलूक के साथ नरमी और रहम का मामला करते हैं, अल्लाह उनके साथ दया और इज़्ज़त का मामला करता है।

अब्दुल्लाह बिन उमर ؓ से रिवायत है कि अल्लाह के रसूल ﷺ ने फ़रमाया:

"ज़मीन पर अल्लाह की मखलूक के साथ नरमी का मामला करो,
अल्लाह तुम्हारे साथ नरमी का मामला करेगा।"

(अत-तिर्मिधि: 1924)

अलग अलग माहौल और परिवारों में परवरिश पाने वाली ये सास और बहू अब एक ही नाव की सवारी और एक ही परिवार का हिस्सा हैं।

क्योंकि सास (अपनी उमर की वजह से) ज़्यादा अनुभवी होती है। उसकी ज़िम्मेदारी भी ज़्यादा होती है, कि वो हिकमत से मोहब्बत और इज़्ज़त का मामला करते हुए ख़ुशियों के सफ़र की शुरुआत करे। परिवार का नया सदस्य होने के नाते बहू से उसकी ख़ैर और भलाई चाहते हुए व्यवहार करे। उसके व्यक्तित्व को पनपने का मौका दे, जब मशवरा माँगा जाए तो उसकी रहनुमाई करे। समय-समय पर उसे प्रोत्साहित करे और समझाने की बजाए उसे समझने की कोशिश करे।

इस बात का ध्यान रखना चाहिए, कि बहू उसके बेटे की जीवन साथी है, जो आने वाली पीढ़ी की पाठशाला है। वह घर की नौकरानी नहीं है। माँ बाप की ख़िदमत करना बेटे का फ़र्ज़ है, अगर बहू अपनी नेकी और अच्छे अख़लाक़ की बदौलत अपने ससुराल वालों की ख़िदमत करे तो अल्लाह से ज़्यादा अज्र और सवाब पाएगी।

माँ को अपना मुक़ाम और दर्जे का मान रखना चाहिए। उन्हें दीनी और दुनियावी शिक्षा के साथ-साथ अपने बेटे को यह भी सिखाना चाहिए कि मां-पत्नी के रिश्ते को कैसे संतुलित रखा जाए। उनके अधिकार कैसे अदा किए जाएँ और कठिनाइयों को समझदारी से कैसे हल किया जाए।

सास को ऊँचे लक्ष्यों पर रखते हुए चाहिए कि:

- ✶ बहू से नरमी, रहम और सब्र का मामला करे।
- ✶ उसके ज़ाती मामलात में दख़ल दिए बिना अच्छी आदत के लिये प्रोत्साहन दिया करे।
- ✶ सब्र और हिकमत (समझदारी) से उसका भरोसा पाए और उसकी आदत या रहन सहन के बारे में कोई भी नकारात्मक राय बनाने से बचे।
- ✶ जब मशवरा माँगा जाए, तो सच्चे दिल से नसीहत करे। लेकिन उस पर इसरार (ज़िद्द) ना करे।
- ✶ एक कोच या सहयोगी की तरह उसे घर दारी और पारिवारिक मामलात को सम्भालना सिखाए। ताकि वह खुद इस्लाम को मशाल (रास्ता दिखाने वाली) बना सके और अपनी बहू के लिए एक मिसाल कायम कर सके कि वह भी अहसान के रास्ते पर चलने की भरपूर कोशिश करे और वो दोनो अपने पीछे एक क़ीमती विरासत छोड़ जाएँ।

जब दो समंदर अपने-अपने रास्ते पर चलते हुए सद्भावना से मिल जाते हैं। और एक दूसरे की सीमाओं को पार नहीं करते हैं, तो उनकी तहों से छिपे हुए ख़ज़ाने, मोती और मूंगे निकलते हैं।

مَرَجَ ٱلْبَحْرَيْنِ يَلْتَقِيَانِ

بَيْنَهُمَا بَرْزَخٌ لَّا يَبْغِيَانِ

فَبِأَيِّ ءَالَآءِ رَبِّكُمَا تُكَذِّبَانِ

يَخْرُجُ مِنْهُمَا ٱللُّؤْلُؤُ وَٱلْمَرْجَانُ

"दो समंदरों को उसने छोड़ दिया कि वो आपस में मिल जाएँ। फिर भी उनके बीच एक परदा है। जिसको वो पार नहीं करते बस तुम अपने रब की कुदरत की किन किन नेमतों को झुठलाओगे, इन समंदरों से मोती और मूंगे निकलते हैं।"

(अर-रहमान: 55:19-22)

विदाई शब्द

जब हम अपने रब के साथ रिश्ता बराबर पक्का करते हैं, (उसकी नाराज़गी से बचना और उसकी रज़ा में राज़ी रहना) तो वो हमारे मामलात हमारे लिए दुरुस्त और बेहतर कर देता है।

अब्दुल्लाह इब्न अब्बास ﵄ से रिवायत है कि" मैं अल्लाह के रसूल ﷺ के पीछे सवारी पर था तो आप ﷺ ने फ़रमाया:

'ऐ लड़के! तू अल्लाह को याद रख वो तुझे याद रखेगा (हिफ़ाज़त फ़रमायेगा)। तू अल्लाह कोयाद रख (उसके हुक्म को पूरे करने और रोकने पर रुकने में), तू उसे अपने सामने पाएगा। जब भी तुझे कुछ माँगना हो तो अल्लाह से माँग और जब भी मदद माँगनी हो तो सिर्फ़ अल्लाह से मदद माँग। और खूब जान ले कि बेशक पूरी उम्मत भी मिलकर तुझे कुछ फायदा देना चाहे, तो वो तुझे कुछ भी फायदा नहीं दे सकते सिवाये उसके जो अल्लाह ने तेरे लिये लिख दिया हो। और वो सब मिलकर भी तुझे कुछ नुक़सान देना चाहे, तो वो तुझे कुछ भी नुक़सान नहीं दे सकते सिवाये उसके जो अल्लाह ने तेरे लिये लिख दिया हो। क़लम उठा दिए गए और सहीफ़े (पुस्तिकाएं) सूख चुके हैं।'

(सुनन तिर्मिधि)

إِنَّا نَحْنُ نُحْيِ ٱلْمَوْتَىٰ وَنَكْتُبُ مَا قَدَّمُواْ وَءَاثَـٰرَهُمْ ۚ وَكُلَّ شَىْءٍ أَحْصَيْنَـٰهُ فِىٓ إِمَامٍ مُّبِينٍ

"वास्तव में, हम मरे हुओं को जीवन देते हैं। और जो कुछ वे पहले भेजते हैं, और उनके निशान (उनके कदमों और उनके पैरों के साथ) ज़मीन पर चलते हुए और अन्य सभी अच्छे और बुरे काम करते हैं, और जो वे पीछे छोड़ते हैं, और सभी चीजें हमने एक अमलनामे में (रिकॉर्ड के रूप में) संख्याओं के साथ दर्ज की है।"

(या-सीन: 36:12)

आइए हम एक ऐसी विरासत छोड़ने का प्रयास करें; जिससे हमें फायदा हो। और हमें नुकसान न हो जिस दिन हम मदद के लिए बेताब होंगे।

मैं आपको एक दुआ के साथ छोड़ दूं जिसे अल्लाह के रसूल ﷺ ने हमें हर सुबह और शाम को एक बार पढ़ना सिखाया है। एक शक्तिशाली दुआ जिसकी हैसियत इसलिए बढ़ जाती है; क्योंकि इसमें अल्लाह के नाम हैं।

अल्लाह का तक़्वा अपनाओ, तो तुम उसे अपने सामने पाओगे। अल्लाह को आसानी में याद रखो वो तुम्हें मुश्किल में याद रखेगा।

يَاحَىُّ يَا قَيُّوْمُ بِرَحْمَتِکَ اَسْتَغِيْثُ فَاصْلِحْ لِىْ شَاْنِىْ كُلَّهٗ وَلَا تَكِلْنِىْ اِلٰى نَفْسِىْ طَرْفَةَ عَيْنٍ

'ऐ हमेशा ज़िंदा रहने वाले और हमेशा क़ायम रहने वाले। मैं तेरी रहमत के साथ फ़रियाद करती हूँ "मेरे सारे मामलात को दुरुस्त कर दे और मुझे एक पल के लिए भी मेरे नफ़्स (अपना आप) के हवाले ना कीजिएगा।"'

इस दुआ को याद कर लें। और माँगा करें ताकि जब भी आप अटका हुए महसूस करें, तो 'अनस्टक' हो जाएं, जब भी दिल भारी लगे तो अपने दिल को हल्का करें, और जब भी बोझ महसूस करें तो अपने कंधों को राहत दें।

राहत की सांस लें, आश्वासन दें कि अल्लाह आपके सभी मामलों का ध्यान रखेगा, जिसमें लोगों के साथ-साथ आपके मालिक और ख़ालिक़ के साथ आपके रिश्ते भी शामिल हैं।

Appendix

Assalāmu ʿalaikum,

I am delighted that you chose to read this book. I pray to Allah that you benefit through its lessons and insights.

Here, I would like to make a few requests:

a) If you found this book useful, please share it with your family and friends and suggest it to others.

b) Please leave a review of this book on Amazon and Goodreads.

c) For constructive criticism and/or feedback you may reach me at thabaatpublications@gmail.com

d) For information on our upcoming books and/or to benefit from our blog, please visit our website www.thabaatpublications.com

Whatever good is from Allah alone, and whatever evil is from myself and Shayṭān.

JazākumAllāhu khair,

Your sister,

उम्म मुहम्मद अबीज़ेर

Other books by the author:

- ✶ When the Two Seas Meet: “Navigating a Mother-in-law’s Internal Struggle”
- ✶ The Beauty of Time Management in Islam
- ✶ Shaytan and the Nafs: Overcoming our Strongest Enemies

www.ingramcontent.com/pod-product-compliance
Lightning Source LLC
LaVergne TN
LVHW021202160826
845679LV00024B/2207

* 9 7 9 8 8 9 0 2 6 9 3 2 4 *